佛像

永恒的微笑

古跡尋踪叢書

康桥 编著

上海辞书出版社

◎丛书前言◎

跨越千年 宛若初见

搜尽奇峰打草稿，幽亭古桥思千年。著名建筑学家梁思成认为，“建筑是人类一切造型创造中最庞大、最复杂、也最耐久的一类，所以它所代表的民族思想和艺术，更显著、更多面，也更重要”。

中国文化，博大精深。文化古迹，遍布中华。从古道西风的塞北，到杏花春雨的江南，到处是重楼飞阁、禅院道观、帝王陵墓、名人遗迹……

丰厚的文化遗产，吸引了世界的目光。清末民初，来自欧美和日本的探险家、旅游者和学者，包括瑞典人斯文·赫定、喜龙仁，英国人斯坦因，法国人沙畹、谢阁兰、伯希和，俄国人科兹洛夫、奥登堡，德国人李希霍芬、格伦威德尔，美国人亨廷顿，日本人大谷光瑞、伊东忠太、滨田耕作、关野贞、常盘大定、鸟居龙藏……纷纷从陆路或海路来到中国，深入各地，实地调查古迹遗存。时值照相技术兴起，他们拍摄了这些文物最早的珍贵照片，并撰写调查报告和研究著作，使这些史迹和文物进入世界的视野。

如此，20世纪上半叶出现了有关中国文化古迹的“四大名著”：一是法国学者沙畹的《华北考古图录》（1909），二是日本学者大村西崖的《中国美术史雕塑篇》（1915），三是瑞典学者喜龙仁的《五至十四世纪中国雕塑》（1925），四是日本学者常盘大定与关野贞合著的《中国文化史迹》（1939—1941）。其中，《中国文化史迹》图片最丰富、涉及史迹最多、解说最为详尽，可以说是集大成之作。

《中国文化史迹》比较全面地介绍了中国百年前有代表性的建筑、宗教、艺术等文化史迹。古建筑和园林艺术家陈从周说过：“余治中国建筑史，初引以入胜者，其唯《中国文化史迹》诸书，图文并茂，考订精核，私淑焉，四十年来未能去怀。”

经历百年的时代巨变，《中国文化史迹》所反映的史迹和文物，已经有很大的变化，其中多数史迹和文物基本完好地保存至今，但也有相当部分由于各种人为或自然的因素，或已不存，或已损坏。

我们试图用最年久的老照片、最新撰写的文字，让广大读者能够分享这份珍贵的文化遗产，领略中国文化古迹之美，从而更加真切地感知中华文明的精粹。因此，我们策划了这套丛书。丛书分为四个主题：佛像、碑刻、古塔、亭台楼阁。

一方面，我们按照不同主题精选了《中国文化史迹》中的珍贵照片，包括一批反映地形地貌、建筑布局的线描图。回望百年前中国文化遗迹的最初影像，这些具有原始性、纪实性、现场性的百年旧影，所展现的古迹之美，震撼人心。

另一方面，我们按照四个主题，共精选了 81 个最具有代表性的古迹，以古迹生成时间为序，用最新创作的文字，从地理、历史、美学等角度，把读者带入各个文物现场，试图展现每一处古迹的来龙去脉，解析其千百年来所经历的战争摧残、风雨剥蚀、人为损坏、外人掠夺的沧桑岁月，总结历史人物在其中的作用，揭示历史的因果关系，描述现今的保存状况，并介绍考古方面的最新研究成果。

除此之外，我们还采用图文并茂的方式，介绍了相关的文化常识。

文化遗迹记录历史，述说沧桑，传承文明。1982 年 4 月 18 日，国际古迹遗址理事会首次提出设立国际古迹遗址日。1983 年 11 月，联合国教科文组织批准设立，并号召各成员国倡导和推行“4・18 国际古迹遗址日”。2020 年国际古迹遗址日的主题是“共享文化、共享遗产、共享责任”；2021 年主题是“复杂的过去，多彩的未来”；2022 年的主题是“遗产与气候”；2023 年的主题是“变革中的文化遗产”。中国拥有辉煌灿烂的文化遗产，是世界遗产数量最多的国家之一。在追求经济发展的大背景下，更需要共同守护好祖国的文化遗产，讲好中国故事，贡献中国智慧。

因此，我们盛情推出本套丛书，期待更多的人了解并重视我们的传统文化遗产，让源远流长的中华文化发扬光大。

序言

北方多石窟，南方多禅院。

佛像，狭义上说就是指释迦牟尼的造像，广义上说包括佛、菩萨、罗汉，以及各个宗派的祖师与护法天神。

梁思成曾经指出：“中国崖壁间的佛教石窟造像是中国艺术里最重要的一章。”佛教造像艺术伴随佛教的传播，从古印度出发，经过克什米尔地区，翻越帕米尔高原，沿着河西走廊进入内地。东汉时期，在塔里木盆地沿线的龟兹、焉耆、高昌等地区已相继建有一批石窟寺，并沿着丝绸之路建立了敦煌石窟和麦积山石窟，进入中原地区。

佛教造像艺术在传播过程中，随着地域变化与时代变迁，有明显的本土化过程。兴盛于公元 100—300 年的犍陀罗美术风格，传承了古希腊和古罗马美术风格，佛像面貌虽是希腊人，但也带有印度特征；兴盛于公元 200—400 年的秣菟罗美术风格，越来越突出印度本土化人物特征；兴盛于公元 400—700 年的笈多美术风格，则进一步把西方的写实造型融合进印度的本土艺术，形成全新的造像风格。

中国石窟寺的雕塑与壁画艺术，一方面继承了秦汉以来中国的艺术传统，另一方面也受到古希腊古罗马，尤其是古代印度艺术的影响，最典型的是犍陀罗美术风格、秣菟罗美术风格和笈多美术风格。这些由古代艺术工匠所塑造出来的数以万计的佛像，代表了当时中国雕塑艺术的最高水平，至今依然是享誉全球的艺术珍品。

石窟造像进入中原地区之时，正逢北魏时期。时代的因缘际会，造就了云冈石窟、龙门石窟和巩义石窟。其中巩义石窟是北魏后期石窟的典型代表，孕育了北齐、隋代艺术萌芽。

东魏虽然延续了北魏云冈石窟模式，但手法朴实简洁，比例适度，写实逼真，生活气息浓郁，是“秀骨清像”的风格。

与北魏、东魏有千丝万缕关系的北齐，造就了以天龙山石窟和灵泉寺石窟、响堂山石窟为代表的大批石窟，形成了“天龙山式样”。北齐造像风格既继承了北魏粗犷古朴、气魄雄伟的风格，又体现了身躯健美、丰满端庄的特点。响堂山石窟，开创了北齐后期乃至隋唐石窟中大规模雕刻石经的传统。

隋代造像，代表作是玉函山摩崖造像、云门山石窟、神通寺千佛崖，吸取了此前多处造像风格的特点，加以融会贯通，主要特征是方面大耳，后期趋于敦厚凝重、繁丽华美。

初唐时期，造像手法日趋写实，世俗气息越来越浓。盛唐之后，造像手法细腻圆熟，造像体态丰腴、形态优雅。石窟造像以龙门石窟卢舍那大佛像为代表，寺院塑像则以五台山佛光寺为代表，而佛塔的造像龛则以宝庆寺花塔和乌石山石塔为代表。

石窟艺术，兴于魏晋，盛于隋唐，借鉴古希腊和古印度艺术，融汇中国美术的审美情趣和传统技法，不仅反映了佛教思想及其汉化过程，也是研究中国社会史、佛教史、艺术史及中外文化交流史的珍贵资料。

唐宋时期，北方的石窟文化逐渐衰落，但南方石窟造像却开启了一片新天地，在四川从广元千佛崖开始渐渐向南传播，在杭州则是以烟霞洞石刻为代表。与此同时，以闽侯崇圣寺、河北正定隆兴寺、大同华严寺为代表的寺院，出现大批精美塑像。

之后的宋、辽、金代，造像手法更加精细，菩萨与罗汉成为常见题材。元代，藏传佛像兴起，明显受印度和尼泊尔风格影响。明代，主要成就在寺院塑像，并出现金铜、陶瓷、玉石雕像。清代，主要成就在于宫廷和藏传佛像。

时代变迁，佛教在北魏时期是人们的心灵安慰，在唐代之后则是人们对幸福的幻想。与此同时，佛与菩萨造像，虽然在相貌、衣饰、手印等方面有规定，但本土化和世俗化过程非常明显，从秀骨清相到方面大耳，再到健康丰满。佛的衣饰从偏袒袈裟，变成双领下垂式的褒衣博带。菩萨像则最明显地体现了各个历史阶段审美情趣与文化特征的变化：轻盈飘逸、丰满端庄、朴实自然、体态丰腴。

李泽厚在《美的历程》中说："本尊的严肃祥和，阿难的朴实温顺，迦叶的沉重认真，菩萨的文静矜持，天王的威武强壮，力士的凶猛暴烈，或展示力量，或表现仁慈，或显映天真作为虔诚的范本，或露出饱历沧桑作为可信赖的引导。"

一个洞窟，一座佛塔，一处禅院，就是一个超凡绝尘的世界；一尊佛像，一抹微笑，一缕清风，就是一幅足以永恒的画面。

让我们开始这次美的巡礼。

目录

相关文化常识

1. 犍陀罗美术风格

兴盛于公元100—300年，传承了古希腊和古罗马美术风格，贵霜帝国时期诞生在古印度犍陀罗地区（今巴基斯坦白沙瓦与伊斯兰堡西北），人们开始最早的开窟造像和绘制壁画，造像手段以在石质材料上进行雕刻为主。因此，犍陀罗式佛像又被称为希腊印度式和罗马印度式，佛像面貌虽是希腊人，但也带有印度人的特征。面相上，发髻高悬，作发结、波状或螺状；额头宽阔，颧骨凸出，眼窝深陷，鼻梁高挺；衣服线条刚健，厚重，下垂感强；背光是圆盘，修饰较少。总体而言，犍陀罗美术风格体现为自然主义与写实主义，特征是庄严、肃穆、权威。

2. 秣菟罗美术风格

兴盛于公元200—400年，流行于印度河流域和恒河上游，早期受犍陀罗风格影响，风格粗犷，躯体健壮，面相饱满。后期逐渐形成印度特有的造像风格，突出印度本土化人物特征。面相上的特征是：螺旋状的高肉髻，面形方中带圆，眉眼细长，嘴唇较厚，大耳垂肩；身躯雄健魁伟，宽肩厚背；衣纹轻薄贴体，波浪衣纹，具有繁复的美。总体而言，秣菟罗美术风格是理想主义与古典主义，特征是单纯而完美。

3. 笈多美术风格

兴盛于公元400—700年，古印度笈多王朝是印度文化艺术的黄金时期，由此产生了全新的造像风格：手指细长，带有手钏；衣服薄如蝉翼，紧贴肌肤；背光上雕有纤细的莲花，佛座也逐渐变为莲花座。这一时期，虽然仍然以石质雕像为主，但开始出现金铜质地与合金质地的佛教造像。总体而言，笈多美术风格把西方的写实造型融合进印度的本土艺术，手法完美纯粹，雅致鲜明，从而形成了古印度佛教雕刻史上的巅峰。

4. 三身佛像

大乘佛教认为，释迦牟尼有“三身”：法身、报身、应身。一佛具有三身功德，三身聚而为一。三身佛，一般供于寺庙的大雄宝殿，相貌一致。居中的毗卢遮那佛为法身佛，结法界定印；左尊卢舍那佛为报身佛，结与愿印；右尊释迦牟尼佛为应身佛。

5. 三世佛像

佛教造像的重要题材。按照时间与空间的不同，分为“竖三世佛”与“横三世佛”。

“竖三世佛”，按照时间角度理解“世”，就是“劫世”。个体存在时间，分为前世、今世、来世。中尊是今世佛释迦牟尼佛，左尊是前世佛燃灯佛，右尊是来世佛弥勒佛。这个布局，也称“三时佛”。

“横三世佛”，是按照空间来理解“世”，就是“世界”“地域”，佛国世界。中尊释迦牟尼佛为现世界或称婆娑世界的教主，左尊药师佛为东方净琉璃世界教主，右尊阿弥陀佛为西方极乐世界教主。

6. 三十二相

“相”为明显的胜相，就是在佛和菩萨庄严的色身中显而易见的体态容貌特征，共分三十二种，叫作“三十二相”：

目绀青色相、眼如牛王相、顶上肉髻相、眉间白毫相、手指细长相、指间缦网相、手足柔软相、垂手过膝相、牙齿有四十相、牙齿紧密相、牙齿齐白相、常得上味相、舌广而长相、声如梵王相、七处隆满相、两肩圆满相、两腋充满相、上身如狮相、身形端直相、皮肤润泽相、两颊隆满相、腨如鹿王相、象马阴藏相、身广长等相、身毛上靡相、一毛一孔相、身色金黄相、身放光明相、足下平满相、足下轮形相、足跟广平相、足趺高满相。

7. 八十种好

佛和菩萨的体态容貌特征中的次要特征,细微难见,不易察觉,而能使人生起欣喜爱乐之心的,即是“好”,共有八十种,叫作“八十种好”,又称“八十随形好”:

无见顶相、鼻高不现孔、眉如初月、耳轮垂埵、身坚实如那罗延、骨际如钩锁、身一时回旋如象王、行时足去地四寸而现印文、爪如赤铜色薄而润泽、膝骨坚而圆好、身清洁、身柔软、身不曲、指圆而纤细、指文藏复、脉深不现、踝不现、身润泽、身自持不逶迤、身满足、容仪备足、容仪满足、住处安无能动者、威震一切、一切众生见之而乐、面不长大、正容貌而色不挠、面具满足、唇如频婆果之色、言音深远、脐深而圆好、毛右旋、手足满足、手足如意、手文明直、手文长、手文不断、一切恶心之众生见者和悦、面广而殊好、面净满如月、随众生之意和悦与语、自毛孔出香气、自口出无上香、仪容如狮子、进止如象王、行相如鹅王、头如摩陀那果、一切之声分具足、四牙白利、舌色赤、舌薄、毛红色、毛软净、眼广长、死门之相具、手足赤白如莲花之色、脐不出、腹不现、细腹、身不倾动、身持重、其身大、身长、手足软净滑泽、四边之光长一丈、光照身而行、等视众生、不轻众生、随众生之音声不增不减、

说法不着、随众生之语言而说法、发音应众生、次第以因缘说法、一切众生观相不能尽、观不厌足、发长好、发不乱、发旋好、发色如青珠、手足为有德之相。

8. 背光

背光是指佛教造像上，诸尊像的头顶或者身后的光环。其中，头光也称“顶圆光”，是头部发出的圆轮光焰，常见的有圆形、宝珠形、火焰形，分内圈和外圈，有各种精美花纹；身光，也称举身光，是全身发出的圆轮光焰，常见的有圆形、船型、宝珠形、火焰形、莲瓣形。

头光和背光是按照果位设置的。佛，有头光，有身光；菩萨，仅有头光，没有身光；阿罗汉，一般没有背光，仅有少数德行圆满的例外。

9. 菩萨的服饰

与佛和罗汉简单朴素的服饰相比，菩萨的服饰比较繁复，装饰品也多。一般，菩萨像头戴宝冠，缯带下垂，带瓔珞和项圈，身披轻薄天衣，手足带臂钏、腕钏、脚钏，整体上雍容华贵，气度非凡。

10. 三段屈曲式

又称“三折枝式”，菩萨像一种站立的造型方式，唐代金铜菩萨像最流行的样式。菩萨造像头部往下，整个身躯的外轮廓和帔帛的曲线，构成造像型式上的三段屈曲之美态，“人物丰浓，肌胜于骨”，体现出女性的柔美特点。

11. 韦驮菩萨佛像的姿势

汉族地区佛寺，一般走进山门以后，即可见到天王殿内笑口常开的大肚弥勒佛，以及分立两旁的四天王。弥勒身后的大屏风背面，便是韦驮塑像。

中国佛教寺庙，自宋代开始供奉韦驮。韦驮像是全身披挂的武士，年轻英俊，仪表庄严，金盔金甲，手持金刚杵，威风凛凛。

韦驮塑像一般有三种姿势：第一种是双手合十的僧人所行之礼，捧着金刚杵，表示此处为接待寺，凡游方释子到寺，皆蒙招待；第二种是一手持杵向天，表示本寺只有短期接待能力；第三种是一手持杵触地一手叉腰，或者双手持杵触地，表示本寺不具备接待能力。

12. 诸天

诸天是佛教中的护法神。天，即“天人”或“天众”，在佛教中主要指有情众生因各自所行之业而感得的殊胜果报。佛教把古代印度神话和其他宗教中的一些神也称为天，并将他们吸纳进来，成为佛教的护法神。

二十诸天为：大梵天王、帝释尊天、多闻天王、持国天王、增长天王、广目天王、金刚密迹、大自在天(音译：摩醯首罗)、散脂大将、大辩才天、大功德天、韦驮天神、坚牢地神、菩提树神、鬼子母神、摩利支天、日宫天子、月宫天子、娑竭龙王，阎摩罗王，其塑像大多供奉于大雄宝殿两侧。

近代，也有寺院增加到“二十四天”。

13. 飞天

佛教石刻和壁画中的一种造像，在空中飞舞的天帝司乐之神。古印度婆罗门教典籍《阿闼婆吠陀》记载飞天有 6 333 个，每当天上举行佛会，便凌空飞舞，抛撒鲜花，以作歌舞，用歌声、舞姿、音乐、鲜花、食物供养诸佛。

14. 供养菩萨

偏正结构短语，意思是石窟或者寺庙建筑的施主、出资人。在塑像上，可以是菩萨的外貌特征，如着菩萨装、戴宝冠，也可以写实，没有法相和手印方面的规定。供养菩萨像，形态多，数量大，常常安放在佛座下面或胁侍菩萨、佛弟子的两边。

15. 寺与庙的区别

“寺”最早是官署的名称，汉朝有御史大夫寺、太常寺、太仆寺、鸿胪寺，行使各自职能。佛教传入后，“寺”开始用来称谓僧院，东汉永平十一年（68）建成的“白马寺”是佛教传入我国后建筑的第一座僧寺。从此，“寺”就成了专指僧人藏经、讲佛和生活居住的场所。

“庙”，最早是古代供祭祖宗神位的屋舍，后成为祭祀神灵、神话或传说人物、历代贤哲、历史著名人物的场所。

16. 佛教寺院的别称

佛教寺院，有一些别名异称。北魏太武帝年间，寺院被改称为“伽蓝”，隋炀帝大业时改称“道场”，至唐朝复为“寺”。“伽蓝”是梵文音译，又作“僧伽蓝”“僧伽蓝摩”，意为大众共住的园林；“道场”，原指佛祖成道的地方，后泛称礼佛和举行法会的场所。

除此之外，还有“丛林”“阿兰若”“庵”“精舍”“宝刹”等。“丛林”是指规模较大的寺院，僧众如同聚木成林；“阿兰若”也称“兰若”，意为清净修道的地方；“庵”是规模较小的佛寺，现特指比丘尼的寺院；“精舍”是修行精进的居所；“宝刹”，“刹”是梵文音译，意为国土，“宝刹”强调了寺院的庄严。

由于中唐之后禅宗成为主流，很多寺院也称作“禅寺”。

17. 金莲台

佛教认为，众生在往生西方极乐世界之后，有不同的座位。净土宗有“九品莲台”之说，意思是座位分为九个等级，由接迎佛按照众生功德深浅分配。

18. 减地法

减地浅刻，又称减地浮雕法、剔地浮雕法，常见的浮雕雕刻法。在平板上剔地去料，平面变低，使得图像造型浮突于材料表面，再用阴线刻画细部，如人物的眉目、衣纹等。良渚文化玉器上已经采用这个方法，春秋战国时期普遍使用，两汉时期成为主要手段。其典型代表为东汉时期创作的山东嘉祥县的武氏祠画像石，以及隋代创作的安阳灵泉寺大住窟。

19. 吴带当风

又称“吴家样”。唐代画家吴道子创造的人物画绘画风格，其特点是采用波折起伏、错落有致的描法，加强了描摹对象的份量感和立体感，突出人体曲线与自然的结合，人物、衣袖、飘带具有迎风起舞的动势。后人也以“吴带当风”来称画作的飘逸风格和高超画技。

20. 梵相提举司

元代统治者把藏传佛教奉为国教后，所设立的制造佛像的专门机构。“梵相提举司”作为宫廷造像机构，在造像风格和造像样式上有统一的规定，一方面满足帝王和皇室成员的礼佛需求：另一方面也为大规模兴建的藏传佛教寺院提供佛像。除“梵相提举司”之外，还有“出蜡局提举司”，专门负责制作铜佛。

21. 佛的手印

佛像的手势也被称为"手印"，佛菩萨像的双手或手指呈现出各种各样的姿势，含义丰富，象征其特殊的愿力与因缘。最常见的有以下五种。

一是无畏印。姿势是：右手上举曲肘置于胸前，掌心向外，五指自然伸展开来。象征佛解除众生苦难的大慈心愿，众生心安，无所畏怖。

二是说法印。又称"转法轮印"。姿势是：拇指与中指（或食指、无名指）相捻，其余各指自然舒散。佛菩萨在讲经说法时所结手印，象征佛菩萨说法之意。

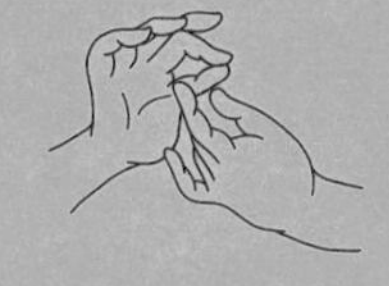

三是禅定印。佛陀最常结的手印。姿势是：跏趺而坐，右手置于左手之上，双手仰放下腹前，两拇指的指端相接。

四是降魔印。又称"证悟印"或"触地印"。姿势是：右手覆于右膝，指头触地，以示降伏魔众，免受打扰。

五是与愿印。姿势是：手掌伸出，掌心向外，舒五指向下。释迦牟尼佛、观世音菩萨和药师佛，常结此印，表示对众生施予慈悲与慷慨。此印相具有慈悲之意，表示普度众生的慈悲心，施予众生所需，满足众生愿求，往往与施无畏印配合。

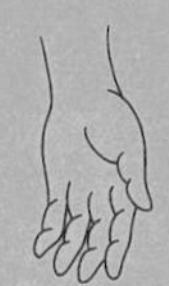

22. 佛座

原指佛成道、说法时所坐之座。现指安置佛像的台座或底座。最常见的是须弥座和莲花座，此外还有鸟兽座、磐石座、蒲团座等形式。

须弥座，也称金刚座，多层基石安装而成，象征佛教圣山须弥山，故称须弥座。

莲花座，又称“莲台”“莲座”“华座”。分为三种：仰莲、覆莲、束腰仰覆莲。莲花是佛教八宝之一，象征吉祥纯洁。石雕台座四周，有时雕刻忍冬纹、摩尼宝珠，以及神王、兽、博山炉等等。

犍陀罗时期，就有两者结合的样例，在须弥座上面安置莲花座。佛教艺术造像传入中国后，佛座样式按照中国的审美标准，有所变化。

23. 中国佛教四大菩萨

菩萨，即菩提萨埵、摩诃菩提质帝萨埵。旧译为“大道心众生”“道众生”等，新译为“大觉有情”“觉有情”等。大觉之人，道心众生，求佛果之大乘众。

大乘佛教，有四大菩萨。

一是地藏菩萨，也称“大愿地藏王菩萨”，主要道场是九华山，代表孝道。佛典记载，地藏菩萨具“大孝”和“大愿”，在过去世中几度救出自己在地狱受苦的母亲，并不断发愿要救度一切罪苦众生尤其是地狱众生，名言有“我不入地狱，谁入地狱？”“地狱不空，誓不成佛，众生渡尽，方证菩提。”

二是观音菩萨，也称“光世音”“观自在”“观世自在”，唐代因避讳太宗李世民名，略称“观音”。主要道场是普陀山，代表慈悲。是阿弥陀佛的左胁侍，“西方三圣”（阿弥陀佛、观世音菩萨、大势至菩萨）之一。佛教认

为观世音菩萨为大慈大悲的菩萨，遇难众生只要诵念其名号，“菩萨即时观其音声”，前往拯救解脱，故名。中国寺院中的观音塑像常作女相，女相观音造像约始于南北朝，盛于唐代。

三是文殊菩萨，意为“妙德”“妙吉祥”等。主要道场是五台山，代表智慧。文殊菩萨是释迦牟尼佛的左胁侍，与右胁侍普贤菩萨并称。毗卢遮那如来、文殊菩萨、普贤菩萨被尊称为“华严三圣”。

四是普贤菩萨，主要道场是峨眉山，代表行愿，即理德与行德，为释迦牟尼佛的右胁侍。

24. 弥勒

意译慈氏，佛教传说中的未来佛。佛教预言中，弥勒菩萨将来是继承释迦牟尼佛位置成为的菩萨。弥勒原出身于婆罗门家庭，后成为释迦牟尼佛弟子，先于佛入灭，上生于兜率天内院，经四千岁（据称相当于人间五十六亿七千万年）后下生人间，于华林园龙华树下成佛，广传佛法。

25. 四天王

又称四大金刚，分别护持以释迦牟尼为中心的四大部洲。

四天王是外来神，原为婆罗门教的天神，掌管须弥山四方的东胜身、南赡部、西牛货、北俱卢四个洲。

具体为：东方持国天王，身穿白色，左手持刀或者琵琶；南方增长天王，身穿青色，手持宝剑或刀，也有右手执槊；西方广目天王，身穿红色，左手结拳，置于胯上，右手持三股戟，或者持绳索、龙、蛇；北方多闻

天王，身穿绿色，左手持银鼠，代表财富，右手持宝伞，也有左手托塔，右手持宝剑或棒。

明清之后，中国寺院的配置，一般在山门里面设置天王殿，四天王分立两侧。随着佛教在中国发展，四天王的形象也逐步中国化，成为风调雨顺的象征。

26. 罗汉

原为十六罗汉，都是释迦牟尼佛的得道弟子。十六罗汉的名字，佛经有记载。十八罗汉之说，盛行于中国汉族地区。在中国大乘佛教寺院中常有十六罗汉、十八罗汉和五百罗汉的塑像。

27. 伎乐天

又称“天乐神”“乐神”“音乐天”“凌空之神”，佛教中的香音之神，上天“天龙八部”神之一，住在须弥山南金刚窟，可手持乐器，飞行于天空，蹁跹飘舞。

在佛教中，所谓“天”是六道（天、人、阿修罗、地狱、饿鬼、畜生）中的天道，是有情众生的最快乐的去处，只有修习善业才能投生天部。

敦煌壁画中，伎乐天也指天宫奏乐的乐伎；在龙门石窟中，伎乐天是飞天造像之一。

28. 涅槃

意译为：灭、灭度、寂灭、无为，意为圆寂。佛教用语，指佛教全部修习达到所要达到的最高理想，超脱生死、熄灭生死轮回而获得的境界。

也指僧尼死亡。

29. 经变图画

佛画的一种。又称“变”“变相”，有时称经变图、经变画。

广义上，依据佛经所述，把传说与故事绘制成画，就是“变”。

狭义上，经变图画是指有别于本生故事画、因缘故事画、佛传故事画，也有别于单身尊像，专指将某一部或某几部有关佛经中主要内容组织成一张大画。经变图画故事完整，主次分明，最著名的是涅槃经变图画。

30. 佛本行经

亦名《佛所行赞》，古印度马鸣著，北凉昙无谶翻译。五卷，二十八品。以诗记体记颂释迦牟尼的生平事迹，曾在古印度广泛流传，普遍诵读。后世有南朝宋宝云译本《佛本行赞传》七卷，唐代有藏文译本。

云冈石窟

穿越千年的微笑

027

云冈石窟，位于山西省大同市城西约 16 千米的武周山南麓、武州川的北岸，始建于北魏和平元年（460），距今已有 1 500 多年的历史，具有珍贵的历史、科学、艺术价值。

云冈石窟作为中国最大的石窟之一，与甘肃敦煌莫高窟、河南洛阳龙门石窟并称为中国三大石窟。这三大石窟，再加上甘肃天水麦积山石窟，也并称为中国四大石窟。再加上榆林窟、克孜尔千佛洞、巩义石窟、炳灵寺石窟、响堂山石窟、大足石刻，又合称中国十大石窟。云冈石窟是中外文化交流的丰碑，形象地记录了印度和中亚佛教艺术向中国佛教艺术发展的历史轨迹。

云冈石窟诞生的原因

云冈石窟的诞生，有非常多的原因。

一是历史原因，主要包括历史人物与历史事件。

北魏（386—534）是北朝第一个王朝。登国元年（386），鲜卑族拓跋珪自称代王，重建代国，定都盛乐（今内蒙古自治区和林格尔县），同年四月又改称魏王。皇始三年（398）六月，正式定国号为“魏”，史称“北魏”，以区别于三国时期的魏国。同年十二月，拓跋珪迁都平城（今山西大同东北），称帝，改元天兴。经过历年征战，先后降柔然、荡漠南、吞北燕、灭北凉，结束了十六国长期割据的历史，统一北方。北魏大延四年（439），太武帝拓跋焘平定北凉之后，把原先在凉州（今甘肃武威）的大批僧人、匠人、百姓三万户迁徙到平城。其中有一位名为师贤的高僧就在其中。《魏书》记载，“沙门佛事皆俱东”，平城取代凉州，成为中国北方的佛教中心。师贤原是古印度僧人，出身罽宾国（约今阿富汗东北、克什米尔一带）王族，早年由克什米尔到达凉州。当时，凉州是著名的佛教中心，寺塔林立。师贤等高僧被掠至平城后，凉州佛教和佛教艺术进入平城，众僧集聚，北魏佛法兴起。

太平真君七年（446），北魏太武帝灭佛法。这是中国历史上四次灭佛事件的第一次，但时间不长，太武帝晚年已有悔意。兴安元年（452），文成帝拓跋濬继位，重新尊崇佛法。师贤被任命为“道人统”，管理全国僧务，在复法后开展造像活动，并兴建寺庙，为云冈石窟开窟造像奠定了基础。

另一位高僧昙曜，西域人，少年出家，志存高远，品行高洁，早年也是在凉州弘法。439 年，昙曜也是随着大批移民来到平城。灭法期间，昙曜外出躲避。复法后，返回平城。

昙曜与文成帝，还留下了“马识善人”的故事。据《魏书·释老志》记载，北魏文成帝出巡之时，途中遇到僧人昙曜，岂料御马竟衔住了昙曜的袈裟，不再前行。文成帝的随行人员赶紧上来驱赶高僧，却被文成帝制止，他认为这是“马识善人”，此人必定佛法高深，于是便以师礼奉之。文成帝和平元年（460），师贤离世，昙曜接任“道人统”，此职位后更名为“沙门统”。

昙曜在佛教史上的一大贡献，就是开始营建云冈石窟；昙曜在佛教史上的第二大贡献，是创建了寺院管理制度，尤其寺院经济制度，以云冈石窟为代表的寺院经济迅速发展，也减轻了国家的负担；昙曜在佛教史上的第三大贡献是主持了北魏复法后的译经活动，集思广益，翻译了《付法藏传》和《净土经》，广泛传播，影响深远。

二是佛教艺术的原因。

佛教与佛教艺术的传播，是造就云冈石窟的另一个重要原因。佛教诞生于约公元前 6 世纪中叶的古印度，早在公元前后便传入中国，东汉初年建立白马寺，到东晋时期佛教在中国走向兴盛。伴随着佛教的兴盛，以壁画和雕塑为代表的佛教美术，也在传播过程中借鉴了当地的历史文化条件，因此发生了变化与融合。

三是气候、地理、地质方面的原因。

因干旱少雨，北方地区岩石质地虽不尽相同，但都比较适合开凿石窟。云冈石窟所在的武周山断崖，地质构造是水平层砂岩石，质地良好，又不过于坚固细密，便于雕琢和开凿大石窟。

四是风俗方面的原因。

公元 398 年，北魏定都平城，武周山就是皇室和达官贵人向天祈福的场所。每逢时令佳节，从市区来武周山的人流络绎不绝，人们在此祈天求雨、遥祭祖宗。

云冈石窟配置图

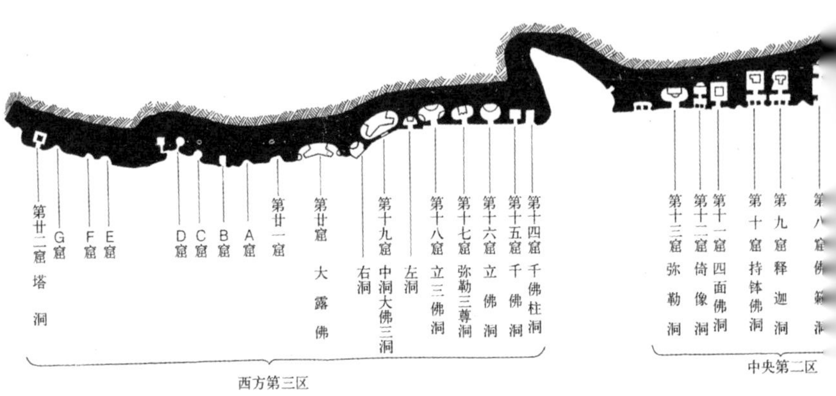

云冈石窟概貌

云冈石窟，古称武周山石窟。云冈石窟官方网站（www.yungang.org）公布的数据为："石窟依山开凿，规模恢弘、气势雄浑，东西绵延约 1 千米，窟区自东而西依自然山势分为东、中、西三区。现存主要洞窟 45 个，附属洞窟 209 个，雕刻面积达 18 000 余平方米。造像最高为 17 米，最小为 2 厘米，佛龛计 1 100 多个，大小造像 59 000 余尊。"

窟区自东而西依自然山势分为东、中、西三区，传统上是从东向西排名，最东面的称为第 1 窟。不过，历史上最先开凿的是中区。开凿的第一个洞窟，今天称作第 19 窟，其工程量与花费的资金与时间，都排在第一位。

云冈早期石窟

北魏和平元年（460），昙曜带领上万名工匠开凿石窟，据说其中也包括来自印度的梵僧直接参与。历经数年，开凿出 5 个石窟，即 16—20 窟，后人称为"昙曜五窟"。《魏书》记载："于京城西武州塞，凿山石壁，开窟五所，镌建佛像各一，高者七十尺，次六十尺，雕饰奇伟，冠于一世。"

每一个石窟的主佛都分别模拟北魏开国的五位皇帝相貌，不过，这五

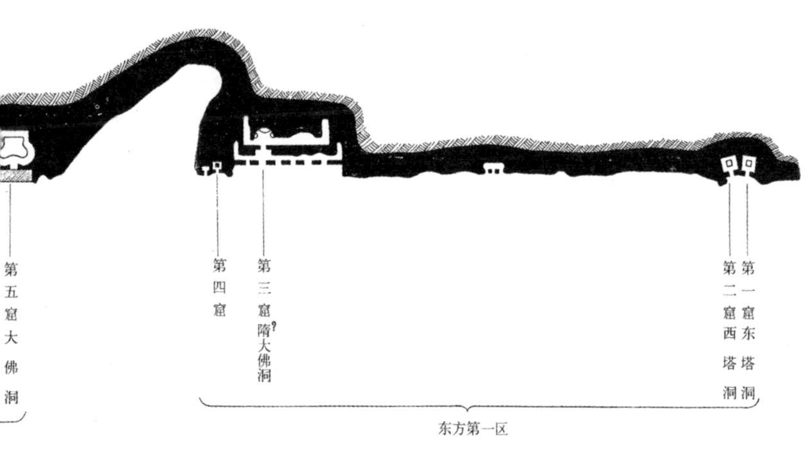

窟大佛对应哪位皇帝，这个问题历史上没有权威的记载，因此至今尚无定论，相对一致的观点认为第 16 窟的接引立佛对应文成帝，文成帝是率先主张在云冈开窟的皇帝，其像不是偏袒袈裟，而是双领下垂式的褒衣博带，这是云冈出现的新样式。

历史常常在不经意间出现很多巧合，偶然中蕴含必然。历史记载，公元 460 年还发生了两件值得一提的事情：一是南朝的祖冲之采用刘徽的割圆术，获得了第一个具有 7 位小数的圆周率 3.1415926，并保持了千年的世界纪录；另一件事情是古希腊普罗克洛斯注释欧几里得的《几何原本》一书，为后人研究古希腊数学史提供了重要的史料。

“昙曜五窟”是云冈开凿最早，气魄最大的窟群，布局设计严谨统一，是中国佛教艺术第一个巅峰时期的经典杰作。北魏地理学家郦道元（466—527）在《水经注 · 㶟水》中记载：“武州川水又东南流，水侧有石祇洹舍并诸窟室，比丘尼所居也。其水又东转，迳灵岩南，凿石开山，因岩结构，真容巨壮，世法所希，山堂水殿，烟寺相望，林渊锦镜，缀目新眺。”

“昙曜五窟”的洞窟规模宏大，形制基本相同，平面为马蹄形，穹窿顶，洞窟前壁上开明窗，下辟窟门，外壁满雕千佛。主要造像为三世佛，主佛身躯高大，身型壮硕，双肩齐挺，身披袈裟，服饰纹路清晰厚重，衣物具有中亚牧区风格。面相丰圆，头顶高肉髻，额头宽阔，眉眼细长，高鼻

云冈第 20 窟大露佛

云冈第 20 窟大露佛正面

云冈第 20 窟大露佛背光细部

深目。造型上继承并发展了汉代的优秀传统，并吸收并融合了古印度犍陀罗、秣菟罗风格的精华，艺术风格独特，显示出一种劲健、浑厚、质朴的造像作风。整体感觉是严肃庄重，温柔和蔼。

第 19 窟以三世佛为主像，由中央主窟和两侧附洞三个洞窟组成。在昙曜五窟中，第 19 窟主窟规模最大，形制最为特殊。主尊高 16.8 米，是云冈石窟雕刻中的第二大佛像，衣纹简洁明快。窟外东西耳洞中，各雕刻一尊倚坐佛像。分窟按照三世佛的布局设计，变化中显庄严，是创新形制。

第 17 窟是云冈早期洞窟中唯一的交脚菩萨大像窟，北壁主像为交脚弥勒大像，是中华佛教诞生最早的弥勒巨像，高 15.6 米，头戴宝冠，发缕垂肩，具有浓郁的异域风格。

第 20 窟又称大像窟，露天大佛又称大露佛，是云冈石窟最具代表性的旷世佳作。由于洞窟外壁多砂石，在雕凿完工后不久便坍塌，因此佛像呈露天状态，原为三世佛，现仅存主佛与东立佛。主佛高 13.7 米，端坐于石台座之上。

佛身挺拔壮硕，两肩宽厚，精神饱满，结跏趺坐，手势为禅定印。其圆脸、双下颏、大眼，细眉，高鼻，薄唇，八字胡须，表情似笑非笑，体现了犍陀罗艺术的特点；其宽肩细腰，袈裟质地厚重，衣褶自然流畅，大佛身后火焰纹圆形头光与舟形大背光，体现了秣菟罗艺术的特点。

背光外缘上角的飞天手捧莲蕾，姿态端庄沉稳，形象稚拙古朴，是云冈石窟早期飞天的代表。总体看，大佛姿态雄伟，气宇轩昂，神情庄严，慈祥泰然，兼备了佛陀“三十二相、八十随形好”。

总之，早期的“昙曜五窟”，造像作风劲健质朴，技艺上承汉代的优秀传统，也吸收融合了古印度犍陀罗、秣菟罗艺术的精华。

云冈中期石窟

中期石窟建于471—494年，富丽堂皇，内容繁复、工整华丽，雕饰精美。无论是洞窟形制，还是雕刻内容与风格，汉化趋势发展迅速，石窟艺术中国化在这一时期起步并完成。这一时期，也是北魏迁都洛阳前最稳定、最兴盛的时期，云冈石窟集中了全国的优秀人才，大窟大像更为繁华精美，是云冈石窟雕凿的鼎盛阶段，主要有第1—3窟和未完工的第4窟，以及第5—13窟。

云冈第2窟东壁局部

云冈第 3 窟本尊及右胁侍菩萨

云冈第 6 窟本尊

云冈第 6 窟门口释迦、文殊、维摩

中期洞窟平面多呈方形或长方形，有的洞窟雕中心塔柱，塔顶雕有华盖和须弥山，形成“上垒金盘，下为重楼”的多层楼阁式佛塔，是石窟汉化的一个重要标志。洞窟大多设立前后室，壁面布局上下重层，左右分段，窟顶多有藻井。造像题材多样，除了释迦、弥勒，出现了多宝、护法天神、伎乐天、供养人行列，以及佛本行、本生、因缘和维摩诘故事等。造像上出现了花蔓冠，出现了褒衣博带，帔帛飘扬，也侧重于护法形象和各种装饰。中期佛造像的汉族服饰衣冠风格的变化，也反映了北魏实行改革政策进而导致服饰汉化的历史特点。

云冈第 8 窟拱门左侧（部分）湿婆天

梁思成在《佛像的历史》一书中这样评论："我国雕塑史即于此期间放其第一次光彩。"

第 5 窟主像是云冈石窟中第一大佛，坐佛高 17 米，两腿盘坐，横宽 14.6 米，中指长 2.3 米，后世敷泥施彩，体态雄浑。

云冈第 8 窟拱门右侧（部分）毗纽天

第 2 窟已经有一些音乐元素。洞窟四壁最上层雕刻天宫伎乐列龛，龛内的伎乐天人手持各种乐器呈演奏状。第 12 窟，后人称为"音乐窟"，有 47 件乐器雕塑。前室北壁最上层出现大量演奏乐器的造像，14 位乐伎各占一个圆拱龛，结构宏大，场面壮观，形式华丽。乐队的组合形式，反映出东西方文化艺术交融以及北魏社会乐舞发展的时代特征，既有中国本土乐器的筝、排箫、横笛、琴，也有龟兹的五弦琴、波斯的竖箜篌、天竺的梵呗。

第 9 窟到第 13 窟，因后世敷泥施彩，显得色泽艳丽，也称"五华洞"。造像瑰丽多姿，雍容华贵，装饰图案精细鲜明，雕饰绮丽，是研究北魏历史、艺术、音乐、舞蹈、书法和建筑的珍贵资料。

云冈第 10 窟前室入口上部明窗

云冈晚期石窟

晚期石窟建于 494—524 年。北魏太和十八年（494），孝文帝迁都洛阳后，平城作为北都，仍是北魏佛教要地。云冈皇家工程宣告结束，西部山崖成为民间造像的乐土，凿窟造像之风在中下阶层蔓延开来。从第 21 窟开始，向西延伸约 240 米，开凿了大量的小窟小龛，大多以单窟形式出现，不再成组，有 200 余座，以平顶方形窟为主，布局多样，洞窟形制也有差异，有的门额券面上雕刻为叶片向上、象征火焰的单列忍冬纹，明显不同于云冈早中期整齐划一的皇家石窟。这种开凿一直延续到孝明帝正光五年（524）。

不同于以第 20 窟的大佛为代表的南派风格，中后期造像突破了原来

云冈第 12 窟前室西壁

云冈第 12 窟外阵藻井南侧

的印度与西域模式，面相不再平板，变得面形稍长，眉目细弯，高鼻小嘴，略带微笑，庄严中透着慈悲。

具体看，云冈晚期洞窟雕刻艺术的主要特点是多样性和世俗化。窟室规模虽小，但佛像穿上了汉族服装，形象清瘦俊美，成为中国北方石窟艺术的榜样和“秀骨清像”起源。佛像和菩萨面形消瘦、长颈、肩窄且下削，这是造像风格“汉化”后出现的一种清新典雅的艺术形象，神情高傲，洒脱超然，是北魏后期佛教造像的显著特点。这个风格对中国石窟寺艺术的发展产生了深刻地影响，后来影响了龙门石窟，造像形式则较流线飘逸。

云冈第 22 窟塔门口拱腹东侧

云冈石窟的影响

云冈石窟的开凿从北魏文成帝和平元年（460）起，一直延续至孝明帝正光五年（524）止，前后 60 多年。与国内其他石窟历经多个朝代开凿不同，云冈石窟是佛教艺术东传中国后，第一次由一个民族用一个朝代雕凿而成的、具有皇家风范的佛教艺术宝库。与此同时，位于敦煌的莫高窟也在北魏时期有较快发展。

文化因交流而精彩，因互鉴而丰富。多元文化兼容并蓄，互惠融通，是云冈石窟最典型的特征。鲜卑族拓跋部是善于吸收汉文化等先进文化的民族，提倡民族融合和文化融合。从公元 398 年拓跋珪迁都平城，至 494 年北魏孝文帝迁都洛阳，平城作为北魏的首都和北方政治、经济和文化的中心，历时 96 年之久。建都平城时期，正是北魏政权革故鼎新，具有新鲜活力的上升期，政治、经济、文化、宗教都得到了很大发展。

云冈石窟成为北方开窟造像的标准和典型，影响所及，东自辽宁义县的万佛堂石窟、西到陇东的南、北石窟寺、王母宫石窟。

北魏时期还产生了一种特有的字体，由于在当时多用于碑文，后人称它为魏碑体。外方内圆、拙朴有力，是隶书向楷书过渡的字体，也是北魏平城时的创造。魏碑体，最早也是出现在云冈石窟的造像碑记上。

1—20 窟前，辽时建有木构窟檐，连成亭廊建筑。整个云冈地区，围绕石窟还有 10 座规模宏大的寺院，辽末遭兵燹焚毁，清代部分重建。虽然经历了千年时光的冲刷，至今还可以看到部分痕迹。

云冈石窟的保护与重生

云冈石窟屹立了千年，经历过沉寂，也经历过保护与重生。

1902 年，日本学者伊东忠太“发现”了云冈这个北朝史迹，写出云冈考察报告，在全球东方学界、美术界引起了巨大震动。

1907 年，法国汉学家沙畹考察云冈，随后出版《华北考古图录》，第一次发表了云冈石窟的照片。

1918 年，中国学者陈垣发表《记大同武周山石窟寺》，这是中国第一篇研究云冈石窟的论文。

1920 年后，日本建筑史家关野贞和佛教史家常盘大定，以及滨田耕作、原田淑人、小野玄妙等人先后调查了云冈，拍摄了大量照片。

这一时期，云冈石窟石刻造像大量被盗凿，进而运出国门。1931 年，当时的大同县（今山西大同市）政府成立了云冈石佛寺保管委员会，负责云冈石窟的安全管理工作。

1931 年和 1932 年，英国画家安娜和美国画家玛丽两次结伴访问云冈，临摹石窟中的佛雕精品，撰写生动的调查笔记，并于 1935 年出版《云冈佛教雕刻》一书，引起西方美术界反响，得到了美国国家地理学会的关注。

1933 年，中国营造学社的梁思成、刘敦桢、林徽因来到云冈，对石窟雕刻和北魏建筑作了专题研究。

1937 年，美国国家地理学会主席格罗斯文纳博士和夫人专程考察云冈，随后，安娜和玛丽的《云冈佛教雕刻》精编版以《中国雕塑的长城》为题，再次发表在美国《国家地理》杂志 1938 年 3 月号上，引发西方主流媒体对中国北朝艺术的关注，云冈石窟真正地走向了世界。

1938 年，日本侵略军占领大同，京都大学调查队在水野清一和长广敏雄的率领下来到云冈，进行了长达 7 年的调查、测绘以及考古发掘。

1947 年，中国著名考古学家宿白发现了有关云冈石窟的历史珍贵文献资料，后出版《中国石窟寺研究》一书。

1952 年，大同市古迹保养所成立，负责石窟的保护与管理。随后，国家技术委员会（今中华人民共和国科学技术部）将云冈石窟保护项目列入科研规划之中，国家文物局召开了“云冈石窟保护会议”，云冈石窟科学保护开始启动。

1961 年，云冈石窟被国务院列入第一批全国重点文物保护单位名单。1974 年至 1976 年，云冈石窟开展了大规模的修缮和保护工作，一大批濒临崩塌的洞窟及石刻造像得到了抢救。

1985 年，美国人史克门将自己 1932 年在云冈附近集市上所购石窟佛像上的一颗眼珠捐献给了云冈。

1998 年，国家拨出专款 2.6 亿元，在距离石窟 1 500 米外，修建了一条全长约 30 千米的全新运输线路，并将原来的线路开辟作为云冈旅游专线。

2001 年，被联合国教科文组织列入《世界遗产名录》。

2007 年，列为国家首批 AAAAA 级旅游景区。

龙门石窟

东方最迷人的微笑

043

洛阳龙门石窟，是中国三大石窟之一，距离古都洛阳南郊 12 千米，继承了云冈石窟的风格，又进一步融合汉族审美意识和历史文化传统，格局开阔，佛像巍峨，中国化、世俗化趋势明显，是中国石窟艺术的一个重要里程碑。

关于龙门石窟的两则神话

龙门石窟的故事，要从两则神话传说开始。

第一则神话传说是：禹凿龙门。

北魏郦道元《水经注》记载："昔大禹疏龙门以通水，两山相对，望之若阙，伊水历其间，故谓之伊阙。"

传说中，大禹时代，洪水泛滥，洛河和伊河受山体阻挡，形成大片堰塞湖，当地民众困苦不堪。时代召唤英雄，大禹带领人民先疏通了洛河，使之注入黄河，而后凿开龙门山，使得伊河从两山中间向北流出，与洛河汇流，一起注入黄河，由此解决水患问题。

龙门山最早是东西两山的统称。在被伊河分为两半后，东山因古时盛产香葛而得名香山，以"龙门山"称西山，龙门山也有"钟山""天竺山"的古称，俗称"昆脊里山"。

龙门地区，自春秋时期就称"伊阙"和"阙塞"，《左传》《战国策》中都有记载。香山与龙门山相对，东西两山巍然对峙，酷似一道门阙。由于地处洛阳之南不远，"伊阙"常常被看作洛阳城的门阙。隋炀帝以真龙自居，把"伊阙"改称"龙门"。到唐高宗时期，"龙门"在碑刻中固定下来，代替"伊阙"。

第二则神话传说是：鱼跃龙门，又称鲤鱼跳龙门。

禹凿龙门、辟伊阙之后，水流湍急，黄河中的鲤鱼便顺着洛河、伊河逆流而上，游到伊阙龙门纷纷跳跃，跳过者为龙，跳不过者额头上便留下

阙

阙，是导引性小品建筑。这种建筑形制，出现于东周时期，汉代普遍使用。多设置在城市、宫殿、祠堂、宅第前面，有单阙、双阙、三出阙，又称"门阙"。

一道黑疤。这个传说，李白写进了诗里：“黄河二尺鲤，本在孟津居。点额不成龙，归来伴凡鱼。”（《赠崔侍御》）

龙门石窟形成的地质原因

神话传说，虽然具有浪漫色彩，但常常有真实的历史背景。科学上，龙门石窟的故事要从2.5亿年前的二叠纪说起。

二叠纪时期，龙门山一带是一片低洼沼泽，水流可以顺畅通过。到距今260万年开始的新生代第四纪，由于气候变化、地壳运动等原因，龙门地区开始造山运动，山体逐渐大规模抬升。伊河受山体阻挡，形成汇水区，并漫过山体。由于石灰岩山体易受侵蚀，在水的压力和冲刷下出现大批溶洞，之后出现坍塌。这样，伊河逐渐下切，最终形成山口。

经历了260万年的沧桑巨变，山与水形成了相对稳定状态。如今，河谷宽150~300米，西山与河谷高差116米，东山与河谷高差166米。中唐诗人刘长卿在《龙门八咏·水东渡》里这样描述龙门石窟的环境：“山叶傍崖赤，千峰秋色多。夜泉发清响，寒渚生微波。稍见沙上月，归人争渡河。”

两山地质构造简单，均为倾向北偏东的单斜山岩状构造。裸露的岩石，是5亿年前古生代的寒武纪中期和4.5亿年前奥陶纪晚期造山运动形成的石灰岩，颜色是青灰与灰白，质地坚硬均匀，宜于雕凿。

不谋全局者，不足以谋一域；不谋万世者，不足以谋一时。建窟，同样需要全局眼光：一看条件，就是岩层的完整性与硬度；二看未来，如何避免风化剥蚀。

岩层结构的“揉皱”，是指矿石中的矿物在受力后发生塑性变形，形成弯曲皱纹的一种结构。按照岩石节理与裂隙朝向，东山是正向坡，开凿过程中容易出现坍塌；西山是反向坡，坡面陡峭，向内倾斜，适宜开凿洞窟。总体看，临河山势陡峭，悬崖峭立，气势壮观。

西山岩层稳定，岩层结构自上而下分为三个阶地，卢舍那大佛位于第二阶地，巨厚的石灰岩岩层质地完整、坚硬、厚实、细腻、均匀，颜色单

第 19 窟 卢 舍 那 大 佛

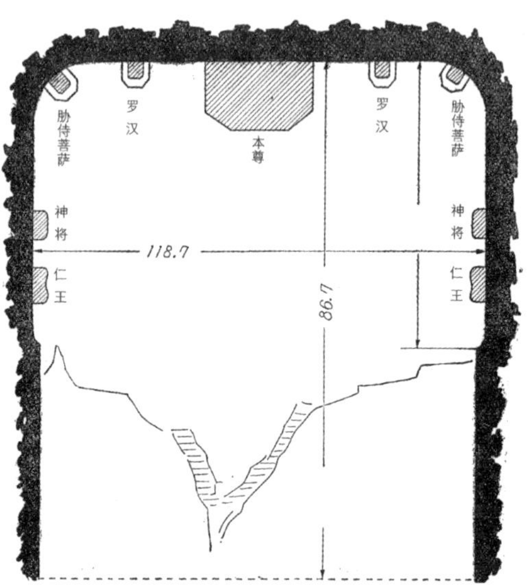

一整齐。东山的岩层，层理方向与西山一致，岩石较薄，存在多条断裂带。在这样的岩层上开凿大型石窟，容易发生断裂崩塌。

结合水文来看，石灰岩的结构比较复杂，龙门地区基岩中节理发育，延伸很远，裂隙成为地表水下的通道，并沿裂隙形成大小不等的溶洞。夏季洪水暴发，宽阔的河床与地下的溶洞，在很大程度上消解了洪水对石窟的影响，这就是河水在龙门石窟面前变得比较平缓的原因。

龙门石窟概览

斗转星移，沧海桑田。历史的车轮走到北魏太和十七年（493），孝文帝把都城由平城迁到洛阳，并继续进行汉化改革。

公元 493 年冬天，从平城来到洛阳的高僧与工匠，就开始在皇家的组织下，来龙门山开窟造像。其后，东魏、西魏、北齐、隋、唐、五代各有营造，大规模营造达 400 余年。其后，宋、明、清也有少量营建。如此传承千余年，形成今天我们看到的南北长 1 千米的石窟群，共有 2 345

个窟龛、11 万余尊造像和 2 860 余块碑刻题记。

其中，开窟造像最多的两个时期：一是北魏宣武帝时期（499—515）至孝明帝时期（515—528）；二是唐高宗时期（649—683）至唐玄宗时期（712—756），龙门石窟最重要的洞窟、最具有代表性的造像，主要是这两个时期建造的。单从龙门石窟的数量上说，北魏石窟约占百分之三十，唐朝石窟约占百分之六十，其余朝代约占百分之十。因此，龙门石窟造像是北魏和唐代石刻造像的艺术珍品，涉及古代史、美术史、建筑史、服饰史、舞蹈史、音乐史、金石史等众多领域。

北魏最具有代表性的石窟

北魏开凿的代表洞窟是：古阳洞、宾阳中洞、莲花洞等；隋唐五代是龙门石窟造像的鼎盛时期，代表洞窟是卢舍那大佛像、敬善寺、万佛洞、惠简洞等。

493 年，位于龙门山南段的古阳洞最先开凿。古阳洞是在一个天然的石灰岩溶洞基础上开凿的，是北魏皇室贵族发愿造像最集中的地方，也是龙门石窟造像群中佛教内容最丰富、书法艺术最高的一个洞窟，规模宏伟、气势壮观。四壁及窟顶雕刻各式佛龛 1 000 余个，碑刻题记 800 多品，是中国石窟中保存造像题记最多的一个洞窟，后人选出的著名魏碑作品“龙门二十品”有十九品出于古阳洞。与依山而建的云冈石窟相比，龙门石窟天然的石灰岩溶洞节省了不少人力物力，天然的大洞，让自然景观与人文景观在这里找到了交汇点。

古阳洞是北魏孝文帝为其祖母冯太后营造的功德窟，高 11.2 米，宽 7.27 米，深 11.83 米，地面呈马蹄形，窟顶无莲花藻井。古阳洞开创了造像历史上的“一佛二菩萨”模式，洞内正壁造一佛二菩萨。雕刻工艺继承了云冈石窟的“秀骨清像”风格，主佛佛祖释迦牟尼居中坐，通高 7.82 米，磨光高肉髻，面相长圆，身躯较为瘦削，着褒衣博带式袈裟，双手叠压，施禅定印，结跏趺坐于方座上。本尊之后有大的背光，上面阳刻着很多精美的小佛和火焰纹样。胁侍菩萨是观音菩萨和大势至菩萨，仪态从容，

龙门第 21 窟（古阳洞）本尊

龙门第 21 窟（古阳洞）北壁佛龛菩萨

文静端庄，表情庄重，具有时代特征。四壁及窟顶佛龛琳琅满目，雕刻精细，装饰图案富于变化，龛楣上雕造有佛传故事。

清光绪二十六年（1900）八国联军侵华，慈禧太后西逃。据说她在返京途中参观了古阳洞，下令把古阳洞主佛释迦牟尼整修成老君像，古阳洞因此改名为“老君洞”。后世又剥除清代所覆盖的泥塑彩绘，恢复佛释迦牟尼像原样。

岁月沧桑。今天看来，本尊头部有局部残损，北壁上部佛龛、西北壁下部佛龛、南壁佛龛中的造像头部大多已被损坏。

宾阳中洞开凿于北魏景明元年（500）至正光四年（523），是宣武帝为孝文帝和文昭皇太后建的功德窟，出现“一佛二弟子二菩萨”模式。“宾阳”寓意迎接旭日。宾阳洞是龙门石窟中最富丽堂皇的洞窟，平面呈马蹄形，方形穹窿顶窟，深 12 米，宽 10.9 米，高 9.3 米。佛像雕刻手法，采用了北魏的平直刀法。正壁佛释迦牟尼坐像，波状发纹，面部修长清瘦，略带微笑，体态与脖颈细长，肩部略宽，胸腹平坦，身着宽袍大袖袈裟，衣纹密集，线条流畅。左右有弟子迦叶、阿难和文殊、普贤菩萨，形象栩栩如生。顶部中央雕刻重瓣大莲花构成的莲花宝盖，莲花周围是 8 个伎乐天和

龙门第 3 窟（宾阳洞）本尊

两个供养天人，衣带飘扬，迎风翱翔，姿态优美。不过，北魏时期仅完成了中洞雕凿，南洞和北洞的主要造像都是初唐时期的作品。

日本学者关野贞在 1906 年与 1918 年两次考察之后，记载了当时的情景："龙门这边岩质致密，雕镌颇为细致美丽，且不易受自然的侵蚀，雕饰依旧鲜明。第三窟后壁中央本尊释迦如来趺坐于方座之上，衣裾垂于前方。姿势优美相宜，面部轮廓稍长，眼睛呈纤月状，眉弓高耸，鼻子大且短，口唇向上，宛如正在微笑。耳朵呈平板状、无孔。肉髻高，毛发呈波纹状。衣纹遒劲，衣角褶皱颇为优雅靓丽。背光大，呈圭形，装饰有忍

龙门第 3 窟（宾阳洞）左方三尊佛

龙门第 9 窟（万佛洞）内部

冬纹、莲花、供养天、火焰，颇能体现出雄伟壮丽的风采。”

岁月沧桑。今天宾阳中洞南北两壁二菩萨造像的头部已被毁。东壁北侧的《皇帝礼佛图》和东壁南侧的《皇后礼佛图》，于 20 世纪 30 年代被盗凿外流，现分别藏于纽约大都会博物馆和纳尔逊 - 阿特金斯艺术博物馆。

同时期开工的莲花洞，因窟顶雕有一朵高浮雕的大莲花而得名。窟顶高浮雕大莲花，直径约 3.6 米，硕大精美，有三个明显层次：莲蓬、莲瓣、忍冬纹圆盘。莲花周围的飞天体态轻盈，细腰长裙，姿态自如。洞内正壁造一佛二弟子二菩萨，主像为释迦牟尼游说立像（外出讲经说法时的形象）。浅浮雕的左侧弟子迦叶，其头部早年被盗，现存法国吉美博物馆。值得一提的是：位于莲花洞南壁上方的小千佛，仅有 2 厘米高，是龙门石窟中最小的佛像，刻工细致生动，令人感叹。

龙门石窟的“褒衣博带”“秀骨清像”，完全代替了北魏早期面相丰圆、肢体肥壮、神态娴静的雕塑风格。同时，从“一佛二菩萨三尊式”到“一佛二弟子二菩萨五尊式”的变化，明显受到南朝和中原文化美术风格的影响，也反映 了当时孝文帝推行汉化改革的社会现实。

据《魏书 · 释老志》记载，到北魏孝文帝太和元年（477），京城洛阳

龙门第 13 窟（莲花洞）内部

龙门第 13 窟（莲花洞）左壁罗汉

龙门第 13 窟（莲花洞）右胁侍菩萨及罗汉

有寺院近百所，僧尼 2 000 余人，四方诸寺 6 478 座，僧尼 77 258 人；而到了孝明帝正光时期（520—525），全国共有寺院 3 万余所，佛教徒 200 万以上。

龙门第 13 窟（莲花洞）北壁上部

梁思成在《佛像的历史》一书中对比了云冈石窟与龙门石窟，认为云冈石窟“或明显承袭希腊古典宗脉，或繁复地参杂印度佛教艺术影响，其各主要各派元素多是囫囵包并，不难历历辨认出来”，而龙门石窟“此期中国本有艺术的风格，得到西域袭入的增益后，更是根深蒂固，一日千里，反将外来势力积渐融化，与本土的精神冶于一炉”。

唐代最具有代表性的石窟

唐代造像，最有代表性的就是奉先寺大卢舍那像龛，共有九躯大像。依据《华严经》雕凿而成，是龙门石窟规模最大、艺术最为精湛的摩崖型群雕，也是唐代雕刻艺术的最高成就。

大卢舍那像龛开建于唐高宗咸亨三年（672），皇后武则天资助脂粉钱两万贯，历时三年九个月，于上元二年（675）完成。长宽各 30 余米，洞中佛像明显体现了唐代佛像艺术特点，面形丰肥，形态圆满，安详温存、亲切动人。

龙门奉先寺全景

中间主佛为卢舍那（意为智慧广大、光明普照）大佛，为释迦牟尼的报身佛，通高 17.14 米，头高 4 米，耳朵长达 1.9 米，以武则天的容貌仪态雕刻而成，面部丰满圆润，波状发纹，眉弯如新月，秀目微微凝视着下方。鼻梁高挺，嘴角露出祥和的笑意。双耳下垂，下颏圆而略向前突。通肩式袈裟，以唐代圆形刀法刻出，衣纹简朴无华，烘托出异常鲜明而圣洁的形象。整体上，神态圆融和谐，安详自在，睿智慈祥，自信包容。内在的美与外在的美，实现了完美统一，具有极大的艺术魅力，被誉为“东方蒙娜丽莎”。两弟子迦叶、阿难，两胁侍菩萨普贤、文殊，两天王，两力士，神态各异，与雍容大度、气宇非凡的主佛卢舍那一起，构成了完整和谐的群体形象，表现出佛国世界充满祥和色彩的理想意境，同时也体现了大唐帝国强大的物质力量和精神力量。

竣工之日，武则天亲率文武百官参加开光典礼，击鼓奏乐礼佛。

大卢舍那像龛规模宏大、雕刻精湛，是中国石刻艺术的巅峰，也成为唐朝这一伟大时代的象征，充分体现了盛唐气象。简而言之，龙门石窟的大卢舍那像，代表了大唐。

龙门奉先寺卢舍那佛大像

龙门奉先寺大佛左胁侍菩萨

日本学者关野贞在1906年与1918年两次考察之后，记载了当时所见："本尊面貌雄伟庄严，头发呈波纹状，体躯庞大，衣纹刻画很浅但手法极其雄劲。可惜的是，两手都已缺失，两膝也破损严重。头光为圆形，中央刻有莲花，周围浮雕着化佛、火焰，颇为高大华丽。而且，此像形体巨大，不仅在龙门几万的佛像之中傲视群雄，面相姿势也堂堂正正，透着一股豪迈伟丽的风采，是唐代时期雕像之中最大且最优之作。"

卢舍那大佛的岩体受风蚀较少，呈现出洗净铅华、干净柔美的色泽，面部细节与服饰保存完好。虽有残损，但经过后世多次修复，基本保持原状。

唐代雕塑的特点是丰腴健美，优雅自然，气度恢弘，这在其余洞窟中也展现得很充分。比如“看经窟”里有唐代最精美的罗汉群像，而完成于唐永隆元年（680）的万佛洞，造像组合最为完整，洞口南侧一尊观音菩萨像，姿态优美端庄，是龙门石窟唐代菩萨像的精美范例。

唐代中期之后，西山已经没有大的开窟空间，建窟重点转移到了东山，受坡度、裂隙等因素影响，西山的第三阶地，厚薄两种岩层相互交融，只适宜开凿小型洞窟。

唐会昌五年（845）出现灭佛事件，唐代皇室与贵族的建窟逐渐停止。不过，后世历代官员与民间人士在西山原有佛像的周围空隙之处开凿了一批小型微型洞窟，渐渐形成今天所见的规模和格局。

唐代之后的龙门石窟

历史上，与龙门石窟有关的名人著作，比比皆是。

唐代诗人刘长卿，留下《龙门八咏》:《阙口》《水东渡》《福公塔》《远公龛》《石楼》《下山》《水西渡》《渡水》。

唐代诗人杜甫写了《游龙门奉先寺》:“已从招提游，更宿招提境。阴壑生虚籁，月林散清影。天阙象纬逼，云卧衣裳冷。欲觉闻晨钟，令人发深省。”

唐代诗人白居易，晚年退居洛阳香山，自号香山居士，留下“洛都四郊，山水之胜，龙门首焉”的诗句。

宋嘉祐八年（1063），欧阳修写《集古录》，首先记载了龙门石窟造像题记。

苏轼第三子、时人称为“小坡”的宋代诗人苏过，写下了《仆以事至洛言还过龙门少留一宿自药寮度广化潜溪入宝应翼日过水东谒白傅祠游皇龛看经两寺登八节尤爱之复至奉先作此诗以示同行僧超晖》:“峥嵘两山门，共挹一水秀。滩声千鼓鼙，石壁万龛宝。何人植翠柏，幽径出尘囿。金银佛寺古，夜籁笙竽奏。僧稀梵呗少，石险松竹瘦。惟当效乐天，早晚弃冠绶。”

元至元年间（1264—1294），萨天锡作《龙门记》。

明天启三年（1623），地理学家徐霞客游龙门。

清同治九年（1870），路朝霖著《洛阳龙门志》。

1899 年，法国人鲁勃兰斯·兰格考察龙门，随后发表的报道引起了各国注意。后由法国人沙畹根据文献资料编著了关于龙门石窟的概要。

1906 年，日本学者伊东、塚本靖考察龙门石窟。

1907 年，法国人沙畹考察龙门，后来著《华北考古图录》；同年，关野贞和常盘大定考察龙门，著文载《中国佛教史迹》书中。

1906 年、1918 年，日本学者关野贞两次考察龙门，评价道：“像龙门这样，横亘各个时代，拥有最优秀的遗迹，拥有最丰富的样式者，在其他地方是看不到的。”

1918 年至 1921 年，瑞典人阿斯瓦德·西兰游历河南、陕西，考察龙门，著文收入《中国雕刻》一书。

1920 年、1922 年，日本学者常盘大定两次考察龙门。

1933 年，中国学者钱王倬出版《洛阳龙门》。

1934 年，美国人普爱伦勾结北平（今北京）古玩奸商，盗走宾阳中洞《皇帝礼佛图》和《皇后礼佛图》。

1935 年，关百益出版图文并茂，集大成的大型巨著《伊阙石刻图表》。

1936 年初夏，梁思成、林徽因、刘敦桢考察龙门石窟。

1936 年，日本人水野清一、长广敏雄考察龙门石窟，并于 1941 年出版《考察龙门石窟的研究》一书。

1953 年，龙门文物保管所成立。

1961 年，国务院将龙门石窟列为全国第一批重点文物保护单位；同年，大型图集《龙门石窟》出版。

1962 年，龙门文管所与北京大学历史系考古专业合作测绘，在阎文儒教授倡导下，开始了龙门石窟的全面调查和编号工作。

1962 年 11 月 20 日，横跨伊水的龙门大桥竣工。桥梁设计为仿照河北赵州桥修建的三孔空腹式石拱桥，是当时世界上拱圈最薄的大跨径石拱桥，全长 303.8 米，栏杆处雕刻有 300 多个仿龙门石窟雕像。

1963 年，中央美术学院美术史系测绘了魏字洞、石窟寺和极南洞。

1980 年，文物出版社出版了龙门文管所新编大型图集《龙门石窟》。

1981 年，上海人民出版社出版了宫大中所著《龙门石窟艺术》。

1982 年，龙门风景名胜区被列为全国第一批国家级风景名胜区。

2000 年，联合国教科文组织将龙门石窟列入《世界遗产名录》，世界遗产委员会的评价为 :“龙门地区的石窟和佛龛展现了中国北魏晚期至唐代期间，最具规模和最为优秀的造型艺术。这些翔实描述佛教中宗教题材的艺术作品，代表了中国石刻艺术的最高峰。”

2002 年，联合国教科文组织旨在对世界文化遗产龙门石窟进行保护和修复的无偿援助项目正式实施。

2006 年，被中央文明办、建设部、国家旅游局联合授予“全国文明风景旅游区”称号。

2007 年，被国家旅游局评定为全国首批 AAAAA 级景区。

巩义石窟

北魏最后的微笑

059

巩义石窟寺（净土寺）佛殿

巩义石窟，曾称巩县石窟、巩县石窟寺，是中国十大石窟之一。列为第二批全国重点文物保护单位，国家 AAA 级景区。

巩义石窟，位于今河南省巩义市区东北约 10 千米的河洛镇寺湾村，距洛阳约 60 千米。石窟在邙山东段大力山下的崖壁上，“溪雾岩云”“石窟晚钟”是当地著名的名胜古迹。

现有主要洞窟 5 个、千佛龛 1 个、摩崖造像 3 尊及历代造像龛 328 个，共有大小造像 7 743 尊、造像题记及其他铭刻 186 则。

巩义石窟，是与云冈石窟和龙门石窟齐名的北魏三大皇家石窟之一。北魏石窟起于大同云冈，继以龙门宾阳，终于巩义石窟。三者年代蝉联，一脉相承。巩义石窟雕饰精美，内容丰富，布局严整，是继云冈石窟和龙门石窟之后，北魏时期集皇家人力物力开凿的又一座伟大的佛教艺术宝库。它保留了云冈石窟和龙门石窟的遗风，成为北魏后期石窟的典型代表，孕育了北齐、隋代艺术萌芽，并向唐朝雕塑风格过渡。

北魏王朝（386—534）历史虽然不长，但移风易俗，尊崇佛教，所建三大石窟存世千年，永远留在中国人的心头。如果说北魏仿佛是夕阳下一个远去的背影，那么，巩义石窟就是北魏在历史上留下的最后的微笑。

巩义石窟的选址

巩义石窟是先有石窟寺，后有石窟。《巩县志》载："小平山东北十五里曰大力山，山下有石窟寺，系北魏孝文帝迁都洛阳之后，太和年间所创。"太和（477—499），是北魏孝文帝使用的第三个年号，也是最后一个年号。而石窟寺第 4 窟所刻现存最早的《后魏孝文帝故希玄寺碑》，碑文记载："……昔魏孝文帝发迹金山，途遥玉塞，弯拓弧而望月，控骥马以追风，电转伊瀍，云飞巩洛，爰止斯地，创建伽蓝……"说明北魏孝文帝时期就已经建寺。

巩义石窟的选址，充分考虑了地理因素。巩义石窟所在的地理位置，北依黄河，南临伊洛河，山明水秀，林木繁茂，后人总结为"嵩邙并峙，河洛汇流，钟灵毓秀，巩固不拔"。小平山、大力山、神尾山共同组成了邙岭。大力山段的地势较为平缓，上层为黄土层，下层为岩石层，有天然的断崖峭壁，便于在岩石层上开凿石窟。方向上，石窟坐北朝南，加上山地背风区域降水量相对较少，形成一个理想的幽栖胜地，适合僧人坐禅修行。交通方面，巩义地区水系与水路运输发达，陆路交通也相对方便，洛阳可以一日来回。

至于开凿石窟的时间，明代石碑《重修石窟寺碑记》上有："自后魏宣帝景明之间凿石为窟，刻佛千万像，世无能烛其数者……"清乾隆十年（1745）之《巩县志·寺观志》载："后魏景明间建，凿石为佛，佛与窟连，相貌巍然，今为石窟寺，唐宋题咏甚多。"

景明（500—503）是北魏宣武帝元恪的第一个年号。《魏书》记载，景明二年（501），宣武帝曾经"幸小平津"。小平津，就在石窟寺附近，驻有重兵把守。当时，以洛阳为中心，开凿了一批石窟，除了龙门石窟之外，还有吉利万佛山石窟、孟津谢庄石窟、新安西沃石窟、渑池鸿庆寺石窟、宜阳虎头寺石窟、伊川鸦岭石佛寺石窟、伊川吕寨石窟、嵩县铺沟石窟、偃师水泉石窟等。巩义石窟也就是在这个历史背景下，以皇家意志按计划开凿的。

作为北魏皇室开凿的大型石窟之一，巩义石窟开窟时间最早是北魏景明年间（500—503），最迟在北魏熙平（516—518）至永熙（532—534）年间。值得注意的是，北魏正光四年（523），龙门石窟宾阳南北两洞在未完成的情况下停工。有学者推测停工原因，一是宾阳洞南北两洞石块出现裂缝，地质条件不允许继续开凿；二是因为工匠被统一调配到了巩义石窟。巩义石窟第 1 窟与龙门石窟宾阳中洞格局相同。不巧的是，巩义石窟第 2 窟也是石块裂缝原因，在北魏时期并未完成，其后，东魏、西魏、北齐、隋、唐、宋历代相继在窟内及诸窟外壁续凿了许多小龛。巩义石窟寺作为北魏的皇家寺庙，是北魏皇帝与皇后礼佛的场所。后世，唐太宗李世民等也曾来此礼佛。唐代还增建了千佛龛。宋元时期一度香火旺盛，北宋皇室曾在此举行佛事活动，留下了一批造像和碑刻等。明成化二十年（1484）由于饥荒，僧徒四处流散，寺院日益衰败。明弘治年间（1488—1505），僧美镜再兴寺院，建大雄殿，重装古石佛。清代修建了窟前的木构建筑，并再修大雄殿、钟鼓楼、配殿和山门。石窟寺在历史上曾几易其名：原名希玄寺，唐代改名为净土寺，宋代改名为石窟寺。

巩义石窟之美

巩义石窟的最大特点是“小而精”，规模虽小，但雕刻细致，内涵丰富。

5 座洞窟，呈南向平列。第 1、2 窟为西区，第 3、4、5 窟为东区，在 2 窟和 3 窟之间长约 27 米的岩壁，1977 年清理坡脚积土时发现北齐小龛 40 处，今称为“中区”或“后坑区”。

石窟寺（净土寺）石窟配置图

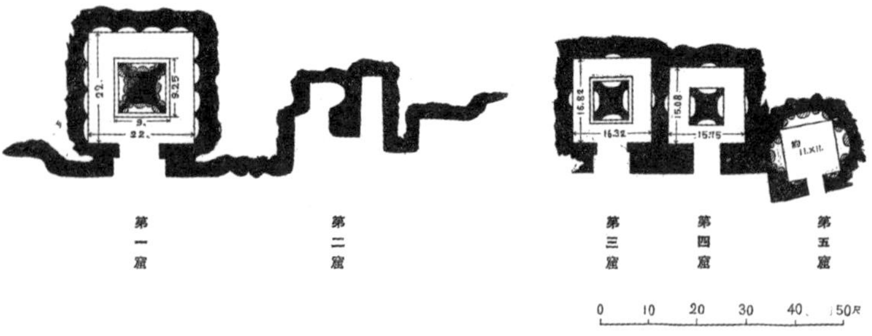

第一窟 第二窟 第三窟 第四窟 第五窟

巩义石窟寺第 1 窟、第 2 窟和大石佛全景

最大的石窟是北魏孝明帝时期开凿的第 1 窟，开凿时间最早，长宽各 6.5 米，高 6 米。最小的石窟是开凿于北魏末年的第 5 窟，开凿时间也最晚，长宽各 3.2 米，高 3 米。

平面上，五个窟都近似正方形格局。其中，第 5 窟为无中心柱的佛殿窟。第 1 至 4 窟有中心柱，形成塔庙窟。究其原因，崖层有很多断裂纹，开凿较大石窟的话，顶部极易坍塌，不得不在窟心设置中心柱。窟内有贯穿上下的大方柱，四周也刻有佛龛。中心柱也见于云冈石窟、天龙山石窟和响堂山石窟，以及巩义他处石窟。

巩义石窟寺第 1 窟东壁佛龛间雕刻

各窟外壁两侧多雕有高大的力士像，历经千年岁月，依然在门口默默守护。利用窟内外壁面上端宽大的二方连续形式的边饰，形成整体格局上的完整和宏丽基调。

巩义石窟寺第 1 窟西壁佛龛

巩义石窟寺第 2 窟东壁佛龛

窟内主佛造像以坐姿为主，一坐佛二立佛，或一佛二弟子，或一佛二菩萨。主佛结跏趺坐，面貌方圆，双目低垂，神态安详，衣纹自然下垂，线条简单精练、朴实流畅。简洁的刀法，更显出雕像圆润华丽，明显摆脱

巩义石窟寺大石佛和右胁侍菩萨

巩义石窟寺第 3 窟南面本尊

了北魏早期深目高鼻、秀骨清瘦的特点，而更多地与中原汉族艺术相结合，形成静态的造像风格。

动与静，是相对的概念。静中有动，动中有静，动静结合，更是难得的艺术境界。

窟顶彩绘图案，富丽堂皇，在北魏早期风格基础上有所创新，以第 4 窟最为精美。雕刻飞天和各种莲花图案。翩翩飞天，自然生动，超凡脱俗。莲花形态多样，或含苞待放，或蓓蕾初绽，或花叶繁茂，或闭蕊结籽，或插于宝瓶，在写实的基础上富于变化。第 5 窟顶部中心雕有一朵华丽巨大的莲花。左右两壁刻整齐划一的小千佛，千佛下凿佛龛，壁脚雕神王、怪兽、乐伎等，门两侧雕《帝后礼佛图》。

第 1、3、4 窟门内两侧都有浮雕《帝后礼佛图》，共 18 幅，再现了

巩义石窟寺第 4 窟天井

巩义石窟寺第 4 窟南壁东方

巩义石窟寺第 4 窟西壁后部腰壁

巩义石窟寺第 5 窟近景

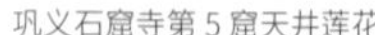

巩义石窟寺第 5 窟天井莲花

巩义石窟寺第 5 窟外壁佛龛

北魏皇室前往石窟寺礼佛的宏大场面，以刀代笔，构图严谨，技法娴熟，人物栩栩如生，是北魏石刻艺术的代表作，保存也最为完整，堪称无价之宝。其中，第 1 窟《帝后礼佛图》最为精美，东面三幅以男像为首，西面三幅是以女像为首，衣着华丽，仪容肃穆，各以僧尼为前导，侍从相随，伞扇杂陈，缓缓行进，场面盛大，动感十足，真实还原了当时的盛况。由于洛阳龙门石窟的《帝后礼佛图》被盗往国外，巩义石窟的 18 幅《帝后礼佛图》成为国内孤品。

第 3 窟东壁壁脚和第 3 窟西壁脚有壁脚高浮雕伎乐天，生动传神，66 个姿态各异的乐伎，手持各种乐器，神态专一，动作优美，悠然自得，也反映了真实的演奏场景。

第 1 窟东壁北侧第 1 龛的《维摩、文殊对坐说法》，以“维摩变”为题材，属于本生画、经变画、因缘画之中的经变画。维摩居士胸有成竹、泰然自若的神态，反映出真正通达佛道的“行菩萨道”形象，对后世汉族士人也很有吸引力。

除此之外，神王面相丰满、神情自得，力士孔武有力、形神兼备，充分显出石窟寺简约质朴的雕刻风格。

千佛龛位于石窟群的最东侧，拱形龛额，开凿于唐乾封年间（666—668），高 1.5 米，宽 2.12 米。龛口两侧刻二天王，龛内中间刻一尊较大的坐佛，其余各壁刻有 999 尊小佛，排列整齐。刀法多变，形象生动，是初唐雕刻风格的代表。

关野贞对巩义石窟第 1 窟的描述

日本学者关野贞在详细考察之后，这样描述巩义石窟第 1 窟：“是整个石窟群中最大的，也是雕刻技艺最好的。前面如今是一个砖形构筑，昔日想必是饰以华丽的纹饰吧。在外壁的入口的左右雕刻了两尊大的金刚力士像，左侧（东）的稍微完整一些，右侧的已经全部损坏了。窟的平面是一个方形，长宽分别为 22 尺，窟顶高约 22 尺。窟中间有一个方形、高 9 尺的柱子，四面均雕刻了一个大的佛龛。方台四面刻有浮雕式的奇形怪状的妖怪像，佛龛内均雕刻了主佛、两罗汉、两胁侍菩萨，因后世塑土的关系，佛像都被覆盖埋没了，无法见到佛像最初的面目，十分可惜。只有从上部的浮雕式的飞天、华盖纹样可以看出北魏造像的风格。”

他这样描述其中的佛龛：“窟内东西北三面的壁上各排列着四个佛龛，佛龛内各有三尊佛。但全因后世加塑，现已经丧失了当初的风格。唯有塑土脱落的部分、主佛前面的垂衣、胁侍菩萨像的一部分，可以依稀看出曾经的雕刻手法。各个佛龛上方均冠以莲花拱或袴腰拱，阳刻的忍冬纹或化佛。在莲花拱之间刻有化佛、飞天，极其雄伟壮观。这些佛龛的上部全部刻着千体佛像，窟顶下方饰以华盖纹样。前面入口的左右壁……刻了三层进香队列图，其上刻以千体佛。四壁的腰壁上……前面和左右两侧是天人奏乐图，后方刻有怪物。”

其余部分为“窟顶在中心方柱的周围是格状井，刻有飞天、莲花和忍冬纹样……入口东面的侧壁已经崩塌，西侧还遗留一部分。在此处有小佛龛，现在遗存的有 7 个。这些佛龛中有延载元年（694）、久视元年（700）、咸通八年（867）等的铭文。窟的前面除了金刚力士外，还遗留下许多小佛龛。很可惜，左侧的力士像面部已毁，但是依然可以看出其雄伟的气势。天衣的雕刻手法很有北魏的风格”。

跨越千年的巩义石窟

巩义石窟，吸引了后世汉学家的目光。

20 世纪初，法国汉学家沙畹前来考察，考察成果写进《华北考古图录》。20 世纪 20 年代，日本学者常盘大定、关野贞，瑞典学者喜龙仁等先后考察，考察成果发表后，巩义石窟进入到国际汉学界视野。

之后，各窟被盗严重，珍贵文物流失海外。巩义当地士绅成立保存石窟寺古迹委员会，并在石窟周围建起高墙，加以保护，可惜后被河水冲毁。

1935 年 4 月，中国营造学社派遣鲍鼎带领考察队前来考察；1936 年 6 月，中国营造学社社员刘敦桢带领陈明达等学者再次考察，陈明达后发表《巩县石窟寺的雕凿年代及特点》《巩县石窟寺雕刻的风格及技巧》《北魏晚期的重要石窟艺术》等论文。1937 年，中央古物保管委员会派员调查，准备修葺。

1954 年，各窟内淤土得到清理；1973 年后，雕像得到全面修补，建筑得到修缮与扩建；1987 年，巩县（今河南巩义市）石窟寺文物保管所成立；1997—1999 年，又得到全面维修。

巩义石窟穿越千年岁月，造像的风化剥落部分经后世曾敷泥重塑，如今已经去掉敷泥，展现洗净铅华的北魏残存状态。

天龙山石窟

回归的国宝

071

石窟艺术，兴于魏晋，盛于隋唐，借鉴古希腊和古印度艺术，融汇中国美术的审美情趣和传统技法，不仅反映了佛教思想及其汉化过程，也是研究中国社会史、佛教史、艺术史及中外文化交流史的珍贵资料。

天龙山石窟概况

天龙山石窟是第五批全国重点文物保护单位之一，中国十大石窟之一，位于太原市西南 36 千米的群山之中，始凿于北朝东魏时期（534—550），历经北齐、隋、唐五代历时 400 多年的开凿。目前共存石窟 25 座，现存大小石佛 500 余尊，浮雕与画像 1 144 幅，分列于东西两峰山崖之间，东峰 12 窟，西峰 13 窟，绵延一千多米。

除此之外，地处偏僻险要的北坡南坡还有 8 座石窟。其中，北坡史家峪福慧寺有 3 座唐窟，南坡柳子沟滩地悬崖上有 5 座建于五代至元明时期的石窟，其中三个窟内无佛像。全部统计起来，天龙山共有 33 座石窟。

天龙山石窟造像手法精炼细腻，特色是“小而精”，形成“天龙山式样”，被誉为“东方雕塑艺术的宝库”。可惜在百年前遭遇盗凿，至今仍有 150 余件作品流落海外。

山因寺而得名，寺以窟而著称。

东魏时，高欢在天龙山建了避暑宫。天龙山西峰南坡下的圣寿寺，始建于北齐皇建元年（560），北齐孝昭帝高演创建，原名天龙寺，北汉、金、元、明多次重建。明嘉靖年间（1522—1566），在古潭法师的主持下，天龙寺经大规模维修，奠定寺院的总体布局。清代，改称圣寿寺。1920 年，日本学者常盘大定考察时，寺院殿宇虽已颓败，但主要殿宇尚存。1947 年，寺院大部分建筑遭遇兵燹被毁。1980 年后，按照明代格局重建。现在的大殿是从晋祠北大寺（崇福寺）搬建的明代作品，原建于明洪武十年（1377）。作为天龙山八景之一的“虬柏蟠空”，寺前蟠龙松势若游龙，形似华盖，造型别致。寺周散存十余通记事碑石，记载着天龙寺的千年兴衰。

天龙山屏峰黛立，松柏成荫，自然景观与人文景观完美结合。天龙山有东西两峰，东峰“仙岩山”，西峰“大佛山”，双峰对峙，崖面是灰白色

太原天龙山圣寿寺近景

砂岩，易雕凿，也易风化。石窟在两峰南坡的山腰间开凿，除第 11 窟面东，其余都是坐北向南。天龙山石窟位于东西两峰悬崖半腰，其中有东魏、北齐、隋、唐各代开凿的石窑，排列有序，大小不一，形制各异。

最早开凿者是东魏权臣、北齐王朝奠基人（死后追封为神武皇帝）高欢，主持开凿了东峰的第 2、3 号窟，开启了天龙山人文历史的序幕；其子高洋（北齐文宣帝）以北齐的晋阳（今山西省太原市晋源区一带）为别都，继续在天龙山开凿了东峰的 1 号窟和西峰第 10、16 号窟；北齐至隋之间开凿了东峰第 11 号窟；隋炀帝杨广为晋王时开凿东峰第 8 号窟；其余为唐代开凿，唐代李渊父子在晋阳的时候，建造石窟达到高峰。

造像的雕刻技艺有两大类，一类是圆雕，主要是贴壁圆雕，塑造大型的佛像和菩萨像；另一类是浮雕，多用于建筑构件、龛楣、花纹等，小仅盈寸。天龙山雕塑艺术，成熟、饱满、洗练、细致，民族特点鲜明，地域特色浓厚。

天

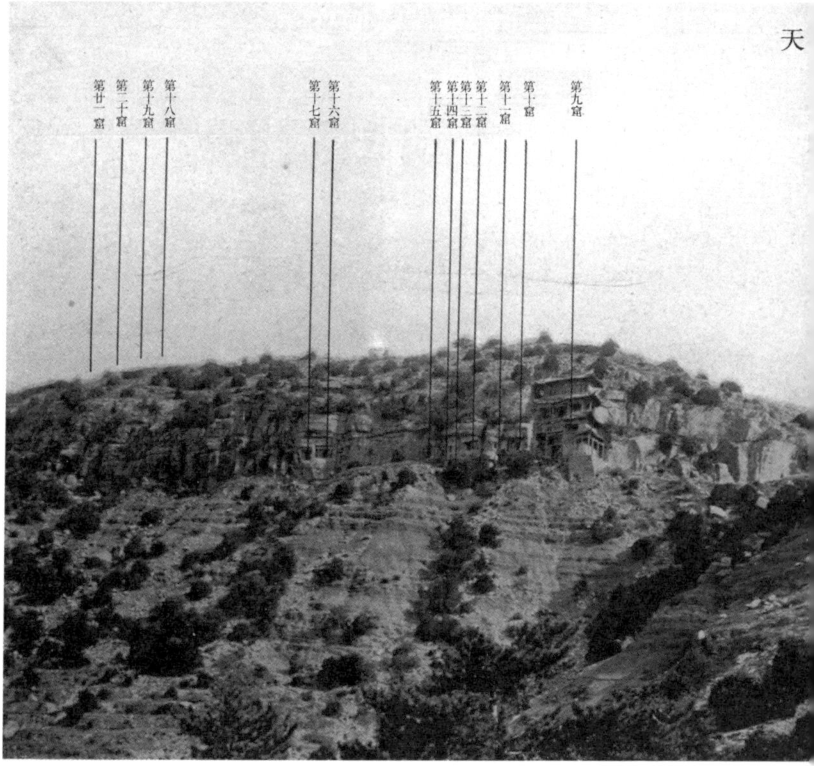

第九窟
第十窟
第十一窟
第十二窟
第十三窟
第十四窟
第十五窟
第十六窟
第十七窟
第十八窟
第十九窟
第二十窟
第廿一窟

天龙

第十窟（隋）
第十一窟（唐）
第十二窟（唐）
第十三窟（唐）
第十四窟（唐）
第十五窟（唐）
第十六窟（隋）
第十七窟（唐）
第十八窟（唐）
第十九窟（唐）
第二十窟（唐）
第廿一窟（唐）
左峰

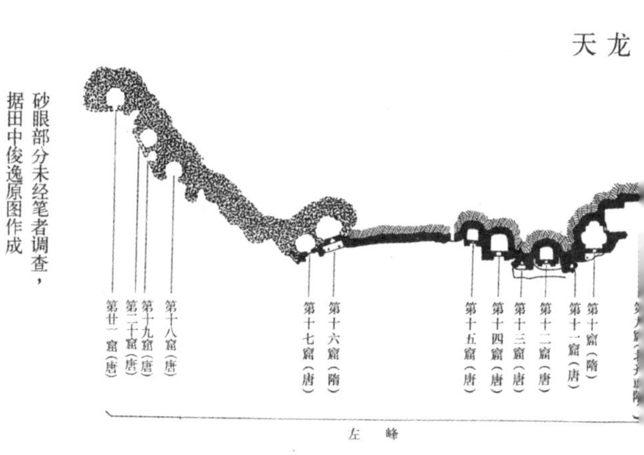

砂眼部分未经笔者调查，据田中俊逸原图作成

全景

第八窟
第七窟
第六窟
第五窟
第四窟
第三窟
第二窟
第一窟

置略图

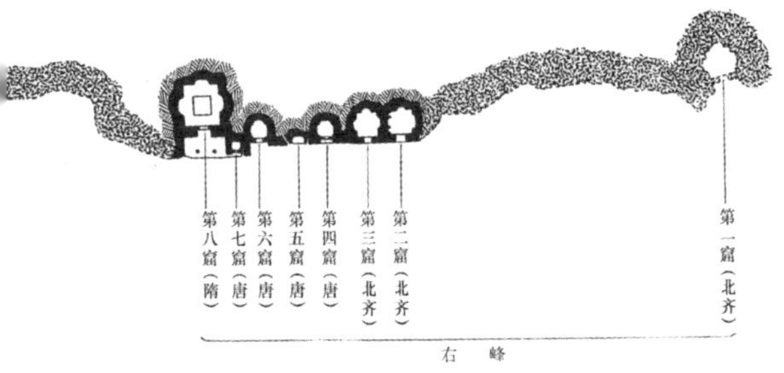
第八窟（隋）
第七窟（唐）
第六窟（唐）
第五窟（唐）
第四窟（唐）
第三窟（北齐）
第二窟（北齐）
第一窟（北齐）
右峰

历代造像风格

天龙山第2窟天井中央莲花及飞天

不同时期开凿的石窟，反映出各个时期的不同风格和艺术成就。

东魏（534—550）延续了北魏云冈石窟模式。采用方形窟室，形制是三壁三龛，三尊像组合为正壁释迦、左壁弥勒、右壁阿弥陀的三世佛。贴壁圆雕和浮雕技艺结合，手法朴实简洁，比例适度，写实逼真，生活气息浓郁，是“秀骨清像”的风格。

北齐（550—577）也采用方形窟室，也是三壁三龛形制，但构造尺寸与实际建筑相近，再现当时木构建筑的原貌，代表北齐的木构建筑风格。前廊后室，窟门两重。主室前雕凿了仿木前廊，前廊雕有两根八角柱，柱下有覆莲柱础，柱头上有额枋，枋上雕一斗三升拱和人字形叉手。北齐像布局为一佛二立菩萨或一佛二弟子二立菩萨，比东魏造像立体感更强。造像写实，重在形体结构的雕造，减少了动感。佛像肉髻低平，面相浑圆，肩宽腹鼓，着褒衣博带式和袒右肩式袈裟，雕刻线条硬直，腿部出现双阴线衣纹。

东魏和北齐造像风格，代表了石刻艺术从北魏至隋唐发展的转折。

天龙山隋代石窟，仅有位于天龙山东峰的第8窟，前廊有隋开皇四年（584）开窟造像碑文，表明是为隋文帝、皇后和太子祈福而开凿。窟形是前后室中心塔庙窟，前廊雕有4根圆形立柱，前后室作三间仿木式前廊。主室是方形，三壁三龛，龛内有的是一佛二弟子，也有一佛二弟子二立菩萨。中心方形塔柱四面各开一龛。造像的风格与北齐相近，佛像形体方整，肉髻低平，面相方中带圆，趋于柔和，衣纹简洁朴拙。

总体上，天龙山隋代石窟造像形式多样，雕刻细致，风格写实，上承

天龙山石窟平面图

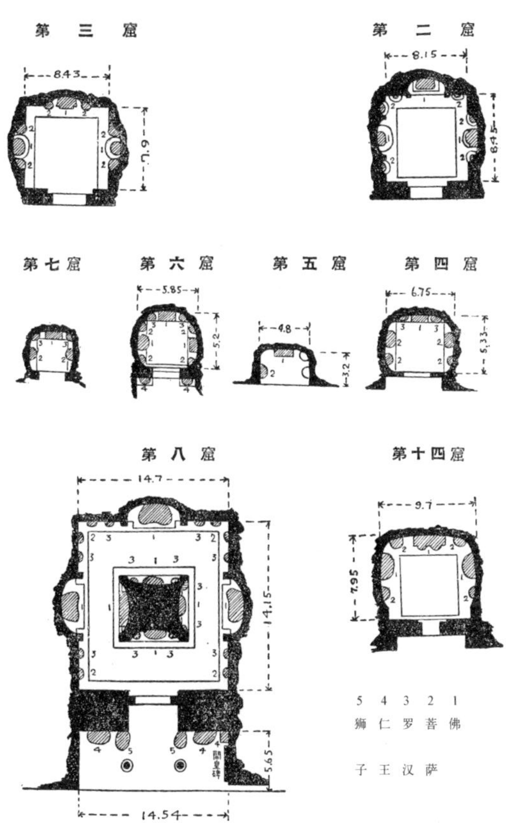

北齐造像端庄慈祥之风，下开唐代造像丰腴之风，明显是向唐代风格过渡。

唐代，天龙山石窟开凿达到鼎盛时期，先后开凿了 18 座洞窟，其中 4 座无编号。唐代石窟形制有三种：方形前后室、圆形前后室和圆开单室。造像形式大多是三壁三佛，有一佛二立菩萨二坐菩萨、一佛二弟子二立菩萨二坐菩萨等形式。雕像神态高雅，丰满圆润，质感丰富。雕刻技艺圆熟，造型准确写实。窟形和造像，多数是盛唐至晚唐期间的风格。面相丰满秀美、活泼自然，有明显的亲和力与人情味。第 17 窟佛像和胁侍菩萨，健劲敦实。第 21 窟主尊面部丰润，细节逼真。

总之，天龙山石窟在造型、比例、线条等方面，造像水平高于同时代

太原天龙山第 8 窟心柱前方本尊

太原天龙山第 14 窟右壁立菩萨

太原天龙山第 14 窟右壁北侧菩萨

太原天龙山第 14 窟左壁立菩萨

太原天龙山第 17 窟左壁五尊

太原天龙山第 17 窟右壁左胁侍二菩萨及后壁右胁侍菩萨

太原天龙山第 3 窟后壁三尊及两罗汉

其他石窟，展示了石窟艺术由北朝向隋唐转化的发展进程，是我国古代石窟雕塑艺术的一颗灿烂的明珠。

天龙山最有特色的石窟

第 3 窟是北齐样式，梁思成在《中国建筑史》里这样描写和评论："齐石窟之规模虽远逊于元魏，然在建筑方面，则其所表现，所予观者之印象较为准确。窟室之前，凿为廊，三间两柱，柱八角形，下有斗覆莲柱础，上为栌斗柱头以一斗三升及人字形补间铺作相间。惜檐瓦未雕出，廊后壁辟圆券门，券面作尖拱，尖拱脚以八角柱承之，仍富印度风采。"后壁佛龛内有一佛二胁侍菩萨，龛顶是莲花拱，两端作凤形，以莲花柱头之柱承接。左右两壁各有一佛龛，龛中刻有三尊佛。后方以薄肉雕镌有各供养人物像，风貌虔诚优雅。前方左右壁分刻维摩、文殊，其下方右壁刻有三尊，左壁刻有两尊供养人物像。天井阳刻飞天以及莲花装饰。

第 9 窟开凿于永徽年间（650—655），初唐杰作，规模宏伟、气势

太原天龙山第 3 窟天井后方飞天

太原天龙山第 3 窟右壁佛龛右方壁刻

太原天龙山第 3 窟左壁佛龛左方壁刻

恢弘。原有木构“漫山阁”，是天龙山石窟群中规模最大的石窟，上下两层，建于唐代后期。上层有 8 米高弥勒佛倚坐像，规模宏大，姿态端庄，右旋状螺髻，面容慈祥，身披双领下垂式袈裟，衣纹虚实结合，施说法印，双足各踩一朵莲花，佛座上还雕有伎乐。下层居中是十一面观音站姿像，高 6 米，面目清丽，文静典雅，颈戴华丽的项圈，手臂都有臂钏和手镯，体态扭成三道弯，优美轻盈中又显出雍容华贵，极富质感，巧妙体现肉体、纱衣、饰物三者之间穿插迂回的雕塑功力，非常贴近现实，具有强烈的艺术感染力，是古代雕塑艺术中最精美的典范之作。左右分别为乘象的普贤和骑狮的文殊，造像体态丰腴、形态优雅，手法细腻。

“高阁停云”是天龙山八景之一。可惜的是，第 9 窟造像在百年前遭

天龙山石窟平面图

第九窟上层
21.
13.9
7.42
大佛像
5 4 3 2 1
仁 神 罗 菩 佛
王 将 汉 萨
第十窟
第九窟下层
十一面观音
文殊
普贤
17
11.45
34.5
10.27
0
10
20
30

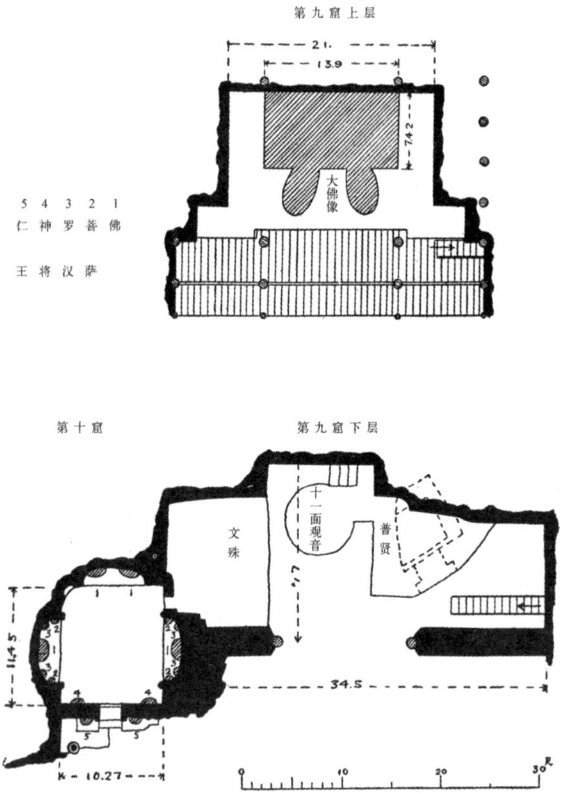

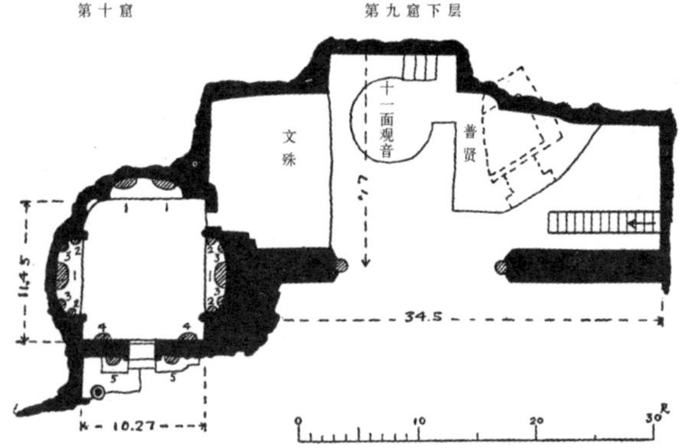

太原天龙山第 9 窟下层三大菩萨之普贤

太原天龙山第 9 窟下层三大菩萨之文殊

到浩劫，木构阁楼已经不存，佛像头部与手臂等多有残缺。后仅在窟下的山沟中找到普贤菩萨雕像的头部。现经修复，重新安装了一些复制品，基本恢复唐代原貌。

宋元之后，石窟造像日益衰落，窟前楼阁日渐破损。虽有修葺，但辉煌不再。

天龙山石窟的千年沧桑

天龙山石窟的沧桑，吸引了后世文人的目光，他们用诗文留下了感慨。

金代文学家和书画家王庭筠留下了《游天龙山四首》，其中第四首是：“挂镜台西挂玉龙，半山飞雪舞天风。寒云直上三千尺，人道高欢避暑宫。”

明代学者张冕写下《天龙寺》：“谷合溪回山最幽，寒云深锁梵宫秋。悬崖风逐黄花落，碧涧霜萦红叶流。门对虬松欹偃石，殿围龙柏倒撑丘。梵王家法如此妙，愿听经言石点头。”

清初词坛上“最为大雅”的词家曹贞吉，留下了《百字令·天龙寺高欢避暑宫遗址和锡鬯》：“苍苔古瓦，是人天法界，雪山深处。燕麦兔葵荒草地，人道高王曾住。水殿风凉，瑶台露白，院静浑无暑。流萤闪闪，宫墙飞入无数。　　遥想渭水邙山，东西蛮触，五技穷鼫鼠。敕勒老公歌慷慨，早见英雄黄土。马槊功名，人龙意气，总逐西风去。繁华销歇，紞然朝暮钟鼓。”

清代诗人、学者、藏书家、“清词三大家”之一的朱彝尊，写下词作《夏初临·天龙寺是高欢避暑宫旧址》：“贺六浑来，主三军队，壶关王气曾分。人说当年。离宫筑向云根。烧烟一片氤氲，想香姜，古瓦犹存。琵琶何处？听残《敕勒》，销尽英魂。　　霜鹰自去，青雀空飞，画楼十二，冰井无痕。春风袅娜，依然芳草罗裙。驱马斜阳，到鸣钟，佛火黄昏。伴残僧，千山万山，凉月松门。”

清代词学家陆以谦则以长诗《高欢避暑宫》，描述了人世沧桑：“晋阳西山何茏葱，蜿蜒磅礴真天龙。白道之南贺六浑，赤光紫气生英雄。是时刘贵在秀容，司马亦闻来云中。众星入梦履而喜，大度独使群豪宗。尔朱既摧东魏定，韩陵片石铭殊功。青雀谣成大命集，黑蚁占罢天年终。刀剑鞍勒无金玉，乃知俭德生平崇。团焦石垩留旧宅，未闻土木穷人工。不知何年此栖息，避暑遗迹埋荒丛。文襄继起亦英武，南征北伐威临封。河阴涡阳两大役，譬彼拉朽摧枯蓬。六月巡边跨鞍马，安得广陵招凉风。水底燃灯灯忽灭，河边羖羝摩苍穹。三台铜雀广旧址，崇光金凤何玲珑。武成以下益骄纵，镜殿宝殿开重重。琵琶弹出无愁曲，十二院里春光浓。鸡栖原上周师入，仓皇出走真梦梦。当年霸府气如虹，函夏区域归牢笼。西包汾晋北沙漠，沧海直达江淮东。何愁委身向青土，崇基五世终朝空。兴以恭俭亡以侈，可知人孽非天穷。君不见，贞观避暑九成宫，传是开皇仁寿宫。”

20 世纪初，一批日本学者考察了天龙山石窟。

1918 年，关野贞初次探访，将考察结果写成报告，刊发于同年《建筑学杂志》；1920 年，常盘大定来此考察，次年出版《趋古贤之迹》一书；1922 年，田中俊逸等来此考察，其考察结果发表在《佛教学杂志》；同年，关野贞再次探访；1924 年，山中定次郎考察，常盘大定再次考察；1925 年，奥村伊九良考察；1926 年，山中定次郎再次

太原天龙山第 9 窟下层三大菩萨，中为十一面观音

考察。

精美艺术，震撼世界，但也带来了毁灭性的灾难。当时，国运坎坷，国宝蒙难，大量精美雕刻品被盗凿。1923 年起，外国文物窃贼与当地劣僧勾结，石窟造像遭到大规模的盗凿，精美造像大多被盗凿而去，有的甚至被整体盗去，劫往国外，散布在日本和欧美各国。千年积淀，毁于一旦。天龙山石窟，是国内石窟遭受破坏最严重的一处。

常盘大定后来叹息道："最遗憾者，莫若以其名扬中外，从而招致破坏之举。惊闻破坏已波及全部石窟，至有凄惨之状，实令人鼻酸。"

1980 年起，为保护与弘扬这一宝贵遗产，国家有关部门加大保护力度，逐渐恢复天龙山胜迹。同时，也加大了流失文物追索返还的力度。

2021 年中央广播电视总台春节联欢晚会，被盗近百年的天龙山第 8 窟北壁主尊佛首归来的消息发布，引起全国人民的关注。这尊佛首约在 1924 年被盗。第 8 窟为天龙山石窟唯一有明确开凿纪年的石窟，根据窟前《石室铭》记载，为隋开皇四年（584）由当时驻守晋阳的杨广为其父母祈求功德而开凿，也是天龙山规模最大的石窟。这尊佛首肉髻低平，脸庞圆润，面露笑容，是北朝晚期至隋初的风格，目前暂定为国家一级文物。

2021 年 7 月 24 日，"复兴路上国宝归来——天龙山石窟回归佛首特展"在天龙山景区国宝回归馆开展。百年流离，一朝归家。

安阳灵泉寺石窟

留住岁月

灵泉寺全景

灵泉寺，位于安阳县（今河南安阳市）善应镇南坪村南，在安阳市西南约 25 千米的宝山东麓。此地八山环抱，状若莲台，灵泉寺位于莲花的中心位置。

灵泉寺石窟始凿于东魏武定四年（546），原名“宝山寺”，隋开皇十一年（591），隋文帝赐名为“灵泉寺”。灵泉寺石窟，历经东魏、北齐、隋、唐、北宋各代开凿与扩建，形成以大留圣窟和大住圣窟为中心的石窟及塔林群，东西长约 1.5 千米，南北长约 1 千米。北齐时期，灵泉寺已经成为北方的重要佛教中心，有“河朔第一古刹”之称。现有东魏至宋代的石窟造像、摩崖石塔 200 余处，是中国最大的高浮雕塔林群，俗称“万佛沟”和“小龙门”，此外还有垒造的北齐双石塔和唐代的双石塔。佛像、碑刻、石窟，相互映衬，形成灵泉寺这个中原“莫高窟”。1996 年，国务院将灵泉寺石窟列为第四批全国重点文物保护单位。

灵泉寺大留窟入口柱刻拓本

大留窟

灵泉寺石窟，是先有石窟，后有寺院。道凭法师（488—559），这位跨越东魏和北齐两代的高僧，最先开窟造像，并在此修行。其后，灵裕法师（518—605）任住持时，得到北齐东安王娄叡的资助，开始建造殿宇。隋开皇十一年（591），灵裕奉诏入长安，担任总管全国寺院僧尼的僧官“国统”。

寺院东西两山，山岩上有大留窟和大住窟这两个最重要的石窟，周围遍刻塔龛。

道凭法师于东魏武定四年（546）凿造的大留窟，或称大留圣窟，又称硃砂洞、道凭石堂，位于寺东岚峰山麓，坐东朝西，入口左侧刻着“大留圣窟”四个字。

窟内三尊像，南壁为弥勒佛像，东壁为卢舍那佛像，北壁为阿弥陀佛像，全是罕见的汉白玉全身石像，无莲座，无胁侍，躯体雄浑高大，雕琢光洁柔美，胸前有卍字，双手朝外，呈无畏、与愿印。头光和背光排列在一起组成以莲瓣为中心的光背。佛座下的基台前壁刻有四个小壁龛，每个龛内刻一位神王。佛像造像风格既继承了北魏粗犷古朴、气魄雄伟的风格，

灵泉寺大留窟东方尊

灵泉寺大留窟西方尊

又体现了北齐和隋代造像身躯健美、丰满端庄的特点，对于研究北朝佛教艺术的发展演变具有重要价值。

岁月沧桑，常常会出现自然损坏与人为破坏。20 世纪 80 年代，三尊石佛像头部均被盗凿。之后，佛身也被盗窃。所幸其中两尊，窟内南壁的弥勒佛像和东壁的卢舍那佛像，后被追回，但弥勒佛像底部已经开裂，如今这两尊追回的佛像藏于灵泉寺仓库。

大住窟

灵裕法师开凿于隋开皇九年（589）的大住窟，全称“金刚性力住持那罗延窟”，或称大住圣窟、响堂洞，位于寺西宝山南麓的断崖上，海拔高度 497.5 米，与道凭法师开凿的岚峰山大留圣窟遥相呼应。

窟门东侧的石壁上方镌有开窟题记，窟门西侧刻有五座佛龛和十几部佛经，主要有《叹三宝偈言》《法华经》《胜鬘经》《大集经》《妙法华经偈言》等。

石窟南向，窟门呈圆拱状，门楣为尖拱形，门两侧分别凿一拱形浅龛。龛内浮雕一神王像，分别为那罗延神王和迦毗罗神王。他俩身躯魁伟，顶盔贯甲，手持剑叉法器，威严挺立。

那罗延在早期印度神话体系中是原人（宇宙的根源）那罗之子，后在毗湿奴派的经典中，那罗延与毗湿奴（黑天）等同。佛教兴起以后，原为婆罗门教三大神之一的毗湿奴，也被“收编”为佛教的护法金刚，成为“欲界中天”；迦毗罗则是伽蓝守护神。这两位神王与摩醯首罗天、鸠摩罗天都是佛的护法。

窟门东侧为“那罗延神王”，题榜“那罗延神王”字样，高 1.74 米，宽 0.7 米。神王头戴华丽的鸟翼战盔，盔前嵌宝镜，盔带在头部两侧向上飘扬，头部左倾，脸部都十分写实，双目微闭，表情温和虔诚，蓄长须飘洒至胸前。颈饰项圈，两肩披帛，袒露上身。两手踝各套两个钢圈，右手持三叉戟叉端，左手持剑上举。下穿长裤，外系战裙至膝盖，脚踝上各套双踝圈，跣足立于盘卧的牛形怪兽背上。从整体看，紧肃统一，气象雄伟，

灵泉寺大住窟外壁左方那罗延神王

显示王者气度。

有学者认为，那罗延神王形象，与隋文帝有一定联系。隋文帝，小名那罗延，状貌瑰伟，武艺绝伦，采取崇佛政策。今世学者推断：由于灵裕对文帝心存感激，于是将那罗延神王与文帝的形象相映照。

窟门西侧是迦毗罗神王，像高 1.78 米，身宽 0.6 米，榜题“迦毗罗神王”字样。其形象与“那罗延神王”大体相似，同样头戴鸟翼冠，蓄长须，头部左倾，但面部较瘦长，左手持三叉戟柄部，右手持剑柄，上身披帔帛，着露臂甲胄，形制独特，甲胄胸部及腹部有三个圆形人面像，肩部为兽头含臂，下着宽松裙裤装，多褶皱，裤口前短后长，前短至膝盖，露出象首缠腿，脚踝各套双踝圈，胯部系一宽围带，跣足立于一羊（鹿、驴）形怪兽背上（兽首损毁，无法确定兽类）。

二神王像雕刻精细，从其体态特征、造像样式、着装打扮上看，西域

灵泉寺大住窟外壁右方迦毗罗神王

特征明显，但内藏勇武却不外露，也体现了中原文化的含蓄特征，是隋代浮雕艺术中少有的精品力作。

与大住圣窟神王类似，北魏正光四年（523）完成的龙门石窟宾阳中洞窟门两侧也各刻一护法神像，但宾阳中洞窟门两侧的天王形象为三头四臂，手持三叉戟，肩头为兽首含臂，胸部及腹部有人面，象首膝盖，脚下是夜叉。大住窟隋代神王像，虽然与宾阳中洞门道右壁的神王一样都手执长剑、头上戴鸟翼冠，都有兽头含臂及象首护膝，但也有明显差别：比如已不是多首多臂形象，脚踏的也不再是夜叉与小鬼。

北魏至隋代，出现了一类新的神王组合图像，其特征一是神王肩部的兽首形装饰，二是膝盖上的象首形装饰，三是甲胄上的人脸装饰，四是手持长柄戟形武器。大住窟隋代神王像，承上启下，继承了龙门宾阳中洞的塑像风格，融入了中原文化传统，开启了唐五代时期那罗延与迦毗罗神王

灵泉寺大住窟南壁
左方刻像拓本

灵泉寺大住窟北壁卢舍那佛龛及三十五佛之部分

灵泉寺大住窟西壁阿弥陀佛三尊

组合图像的源头，在图像演变中起着关键作用。

大住圣窟二神王，融合汇集了多种要素，目的就在于祈求其破除恶邪，摄伏群魔，佑护佛法。

经历了北魏太武帝和北周武帝二次灭佛，当时很多佛教徒深信“佛日

灵泉寺大住窟东壁弥勒佛三尊龛

将没”。灵裕身经北周废佛之痛，恐佛法灭绝，为预防法灭而发愿雕刻石经，并于石窟外壁雕刻那罗延神王、迦毗罗神王像。两窟之名，也是灵裕所定，依据的是那罗延天之金刚性力，表示正法久住之意。

窟内平面基本是正方形，面宽 3.43 米，进深 3.4 米，高 2.6 米，窟顶呈覆斗形，中心部镌刻一巨大的莲花，在莲花的西面、北面及东面有飞天浮雕，三对六身，头梳发髻，头戴花冠，上身袒露，下着长裙，衣带飘舞。

窟门南向，窟内的东、西、北三壁各开凿一大型拱券式龛，龛内分别雕刻一组造像。

北壁为石窟造像的中心和主体，雕有卢舍那本尊坐像和右胁菩萨的立像、左胁罗汉的立像。卢舍那佛为“法界人中像”，身穿通肩宽袖长衣，结跏趺坐于束腰叠涩座上，面相丰满圆润，双目有神，嘴角上翘，略作微笑状，整体感觉庄严典雅、肃穆宁静。值得注意的是，卢舍那佛的衣纹之上刻着天人、人间和恶鬼，寓意救度一切众生。弟子和菩萨跣足立于莲花底座上，菩萨身躯扭转，形成优美的曲线。佛座前壁，开凿 9 个浅龛，雕 8 位神王，以及莲花和宝珠、树、火和风。佛龛左右侧由上至下各凿 7 个小龛，里面各雕有一尊结跏趺坐的小佛，姿态各异，极其生动。

西面石壁上是阿弥陀佛本尊的坐像，以及左右胁侍菩萨立像，身躯比例适中，表情温雅文静。窟龛两侧的外部，刻有 7 尊小坐佛。

东面石壁上是弥勒坐像，还有右胁菩萨的立像和左胁罗汉的立像。弥勒佛结跏趺坐于方形束腰须弥座上，表情严肃，神态庄严。

南壁窟门两侧皆有雕刻，东侧为减地法浅刻的 24 位“世尊去世传法圣师”，画面上下共分 6 层，每层两组 4 人，共 12 组。画面上还有山石树木的背景，整体上，造型严谨工整，线条清晰明确，繁复与简约互相平衡，与人物一起构成复杂而精致的画面。画像之下均有题名。西侧镌刻隶书《大集经》和《摩诃摩耶经》。

灵泉寺的千年兴衰

灵泉寺距离东魏、北齐的国都邺城仅 40 千米，曾是盛极一时的皇家寺院。灵泉寺坐北朝南，以中轴线排列，依次是山门、天王殿、玉皇阁、大佛殿、普萨殿、千手千眼佛殿，曾经有多名高僧先后担任主持。隋唐时期，灵泉寺是全国，尤其是北方的佛教中心。作为中国最大的摩崖浮雕塔林，不但规模大，而且时代早，与著名的嵩山少林寺塔林南北呼应，各自特色明显。据《唐史》记载，灵泉寺寺院建筑多为皇家所建，皇室成员大都称为居士。

宋、元、明、清时期，灵泉寺兴衰交替，到晚清时期，寺院建筑大都破旧不堪，珍贵石刻也被盗凿。

1921 年，日本学者常盘大定考察宝山灵泉寺石窟，拍摄大量照片，认为那罗延神王和迦毗罗神王的组合“可以说和日本法隆寺金堂的四天王像以及金花虫佛龛扉绘的二天像有着异曲同工之妙，后世已看不到如此忿怒的面相和灵动的身躯”；1934 年，美术理论家滕固和考古学家黄文弼考察宝山灵泉寺石窟；考古学专家宿白教授，曾经多次在论文中提及灵泉寺石窟。灵泉寺石窟的“发现”，为中国古代建筑史、石刻艺术史、佛教史、音乐史等方面的研究，提供了珍贵的实物资料。

穿越千年岁月，历经人世间的风风雨雨，灵泉寺石窟与塔林，依然坚固挺立。

响堂山石窟

南北响堂誉天下

097

响堂山石窟群始凿于北齐年间，第一个石窟始建于北齐天保元年（550），后世隋唐宋明各代均有续凿修缮。

北齐（550—577）虽然只有短短的几十年历史，但统治者重视佛教，崇尚“帝即如来”的观念，因此利用修建石窟和佛塔等手段，上应佛法，下喻万民，祈求国祚永延，世代为王。这个时期，佛教绘画和雕塑艺术有显著发展，涌现出大量重要的艺术作品，其最高成就便是响堂山佛教石窟群，虽然历经千年风雨，多有损毁，部分石刻造像流散到世界各地，但当年的辉煌依稀可见。残缺与伤痕，掩盖不住穿越千年静等盛世花开的恬静微笑。

响堂山得名于幽深的石灰岩洞穴，进入之后，无论是鼓掌还是拍打岩壁，石声峥峥，回音较大。尤其是南响堂山寺东北隅的第 6 窟力士洞和第 7 窟千佛洞，回音特别明显。响堂山石灰岩崖体的石质，从雕塑角度看优于云冈，与龙门类似，但颜色偏黑褐。

响堂山石窟主要分为南北响堂山，北响堂（鼓山）石窟和南响堂（滏山）石窟。加上北响堂东面附近的水峪寺（也称“小响堂山”)，一共 3 处。北响堂石窟有最早和最大的 3 个石窟，南响堂石窟由 7 个较小的石窟所组成，水峪寺也有东西两个石窟。3 处石窟，都始建于北齐，但从出资情况看，北响堂山是皇家资助，南响堂山王公贵族资助，小响堂山是民间资助。

响堂山石窟现存石窟 18 座（北响堂 9 座，南响堂 7 座，小响堂 2 座)，摩崖造像 450 余龛，大小造像 5 000 余尊，并有大量刻经、题记等，是研究佛教、建筑、美术、书法的宝库。响堂山石窟也被称为继敦煌莫高窟、大同云冈石窟、洛阳龙门石窟、天水麦积山石窟之后的“中国第五大石窟”。响堂山石窟被国务院列入第一批全国重点文物保护单位，响堂山风景名胜区是国家 AAAA 级风景名胜区。

北响堂山石窟

北响堂山石窟在河北武安市南 14 千米处，位于响堂山（鼓山）西面山腰。

北响堂山常乐寺全景

公元 550 年，高欢次子高洋称帝，以邺（今河北临漳西南）为首都，开启了北齐时代。邺附近的响堂山，处在邺到晋阳（今山西太原）的交通要道上。在东魏与北齐时期，皇室宗亲与朝臣经常来往于这条交通要道。高洋皇帝一方面深受汉朝文化的影响，“酷喜释氏”；另一方面也需要一个中途休息的场所，由此拉开响堂山人文历史的序幕。

北响堂石窟现存石窟 9 座，大小佛像 72 尊，其中南、中、北三大窟为北齐王朝开凿。

常乐寺在北齐初年与半山腰的石窟寺，统称为石窟寺。北齐天统年间（565—569），位于半山腰的石窟区部分改称鼓山石窟寺，山下砖木结构寺院改名为智力寺；隋唐时代多次补修；北宋嘉祐年间（1056—1063）改名为常乐寺；金代，遭遇大面积焚毁；宋金时期再次补修；明代也有多次的修补;清代写入县志，并于康熙三十二年（1693）维修扩建;1947 年，寺院被焚毁。目前看到的是康熙年间所建的遗址。梵音已逝，残垣犹在，诉说着往日的辉煌。

常乐寺殿前有很多石碑，除一块是金代石碑，其余都是明清时遗物。

北响堂山石窟配置一览图

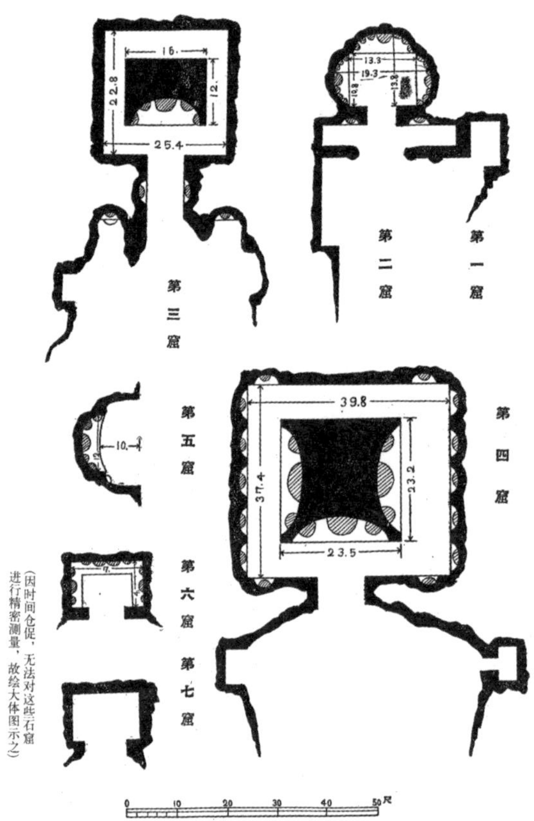

前庭左右立有尊胜陀罗尼幢。左侧尊胜幢建于北宋建隆三年（962），右侧尊胜幢建于北宋乾德三年（965）。幢身刻有陀罗尼，幢身上部有两层，都刻有佛像。右方幢身为八角，位于莲座及台坛之上，幢身上面的八角盖之上各面都刻有垂帐样和悬华，第二层第三层各面都设有佛龛，顶部有莲座。

北响堂石窟主体开凿于北齐文宣帝高洋时期，主体窟像完成于北齐时期，另有少量隋唐以至宋明的小规模龛像。

北响堂北齐石窟的形制为方形平面平顶，有两大类型：塔庙窟、三壁三龛式佛殿窟。

塔庙窟，一般在前室开凿大龛，龛内凿出神王与力士等护法。前室的

北响堂山常乐寺大殿及右方石幢

北响堂山第 2 窟刻经洞外壁唐邕刻经发愿文及 3 尊龛

北响堂山第 2 窟刻经洞西壁左胁侍罗汉及菩萨

廊柱部分可视为塔身，在窟廊的上部雕出覆钵式塔顶和塔刹，形成一座塔形窟。

三壁三龛佛殿窟，佛像被分别设置在窟壁上的三个较大的佛龛当中，或壁脚延伸出来的宝坛上。主像由中间的佛像以及旁边 2、4 或 6 名侍从

北响堂山第 2 窟刻经洞东壁 7 尊

北响堂山第 2 窟刻经洞南壁 7 尊

组成。神像多与后面的窟壁山体连在一起，也有一些石像是单体石造像，即独立雕刻之后被放置在佛龛上的莲座和坐台上面。附属神像，则是用浮雕刻画，比如飞天伎乐、礼拜僧人、天王、力士等。

造像风格方面，面相丰圆适度，头大肩宽，衣纹浅雕，坐佛腿部衣纹垂于座上并出现圆弧。这些新特点，一方面受到来自洛阳、太原地区和南朝造像的影响，形成了北齐样式；另一方面又对后世及周边地区石窟造像产生了较大影响。

北齐样式的立佛，头部较大，长度比例为全身六分之一到五分之一。

北响堂山第 3 窟释迦洞外观

北响堂山第 3 窟释迦洞正面本尊

北齐佛头的雕塑特征是连眉到鼻，鼻中上部较细，嘴角上扬。

另外，响堂山石窟开创了北朝后期乃至隋唐石窟中大规模雕刻石经的传统。

北山的石窟规模宏大，除了北齐时期开凿的大佛洞（北洞）、释迦洞（中洞）、刻经洞（南洞）三座大窟之外，还有隋代大业洞，以及十分少见的宋明时代刻像。

窟群北端的大佛洞，又称北洞，规模最大，装饰也最华丽。后世在外壁又开了四个小洞。大佛洞正中方柱三壁三龛式，塔形柱高 12 米，三面开凿一大龛，正面龛内一佛两菩萨，正尊释迦牟尼坐像高 3.5 米，连座通高 5 米，浑圆雄厚，施无畏、与愿印，造型生动，线条流畅。佛背光浮雕宝相花，由火焰宝珠、相轮、覆钵构成。塔柱上窟壁共凿 26 个塔形列龛，

北响堂山第 3 窟释迦洞外壁菩萨

北响堂山第 3 窟释迦洞外面菩萨下半身及拱门纹样

北响堂山第 4 窟大佛洞心柱西方尊

北响堂山第 4 窟大佛洞心柱东方尊

由弓形楣梁、垂幔、龛柱、覆钵等组成，雕刻细致，钵顶雕有华丽的大型火焰宝珠。有史料记载，高欢皇帝去世后，实际就葬在大佛洞里面，但目前只看到主尊像上方有足以容纳一口棺材的空间，里面却空无一物，留下历史悬案。

释迦洞，又称中洞，中央有方柱。洞内是九尊造像的一个大佛龛，有

北响堂山第 4 窟大佛洞壁刻纹样及佛龛

一佛、两罗汉、两菩萨，拱门外左右有二菩萨造像，再往外有二天王造像。

刻经洞，又称南洞，开凿于 568—572 年，由北齐朝臣唐邕施刻经文《无量义经》《维摩诘经》《弥勒成佛经》，都是先把崖面磨平如镜，再刻上去的。唐邕刻经，开创了中国在石壁上大规模镌刻佛经的历史，唐邕也被称为“中国刻经第一人”。由此，施刻经文的习俗传播到周边地区，至北齐末期传播到了中国北方其他地区。刻经洞内，三面各有石坛，坛上各有七尊佛像：本尊坐佛，两边胁侍有两罗汉、四菩萨。正面的中尊坐佛高七尺，左右两手张开，呈施无畏、与愿印。衣纹线条遒劲，衣端褶皱雄健。

大业洞，位于北山的最东端，开凿于隋大业七年（611），故名大业洞。龛形为内圆外尖拱形龛，为响堂山唯一的隋代石窟，规模很小。莲花拱中刻着火焰，有罕见的两飞天手捧香炉的图样。

除此之外，倚像洞、二佛洞、嘉靖洞，也各有特色。

梁思成《中国建筑史》对响堂山石窟进行了评价："河北磁县与河南交界处，南北响堂山北齐石窟为当时石窟中受印度影响最重者。窟前廊柱均八角形，柱头、柱中、柱脚均束以莲瓣，柱上更作火焰形尖栱，将当心间檐下斗拱部分完全遮盖。其全部所呈现象最为凑杂奇特。"

南响堂山石窟

南响堂山石窟，位于北响堂山以南 15 千米处的滏山山腰，开凿于北齐末年。北齐天统元年（565），由灵化寺僧人慧义发起，后由当朝宰相高阿那肱出资，建成石窟寺院。

现存有 7 个窟，有大小造像 3 588 尊。石窟附近有六角七层砖塔、靠

南响堂山全景

南响堂山第 1 窟正面本尊

南响堂山第 2 窟正面本尊

山阁楼、寺院殿宇等附属建筑群。

南响堂石窟分上下两层。下层两个洞，结构大致相同；上层五个洞，规模基本一样。但是，各个石窟也各有特点。

第 1 窟华严洞，主尊头光非常富丽，方柱左右边西面分为三层，上、中、下分别雕刻着千佛、释迦、两罗汉、两菩萨的五尊佛像和小龛。洞内西壁上面有五龛，刻有《般若经》；东壁分为三段，上部有五龛，下部刻着许多佛，中部刻着一尊释迦像；北壁的右方有上下两龛，上龛是坐佛，下龛是倚佛。南壁，有佛龛，刻着《般若经》和《华严经》，笔势劲健，是珍贵的书法艺术精品。这也是本洞称为“华严洞”的由来。

第 2 窟般若洞，形制与华严洞类似。东西两壁以五龛为中心，雕刻着许多佛像；南壁的东部刻着《文殊般若经》；北壁壁面雕刻着大字楷书的《般若经》，书风从容不迫，上承汉魏，下启隋唐，富于变化。因此，本洞名为“般若洞”。

第 3 窟为空洞，分前后两窟，损毁严重。第 4 窟拱门洞，正左右三面各有宝坛，损毁严重。

第 5 窟释迦洞，得名于入口上部内壁涅槃像的释迦。洞内天花板以莲花为中心，周围刻有十二飞天浮雕，构思巧妙。

南响堂山第 5 窟及第 6 窟外观

南响堂山第 5 窟天井

南响堂山第 6 窟西壁中尊下部

南响堂山第 7 窟外观

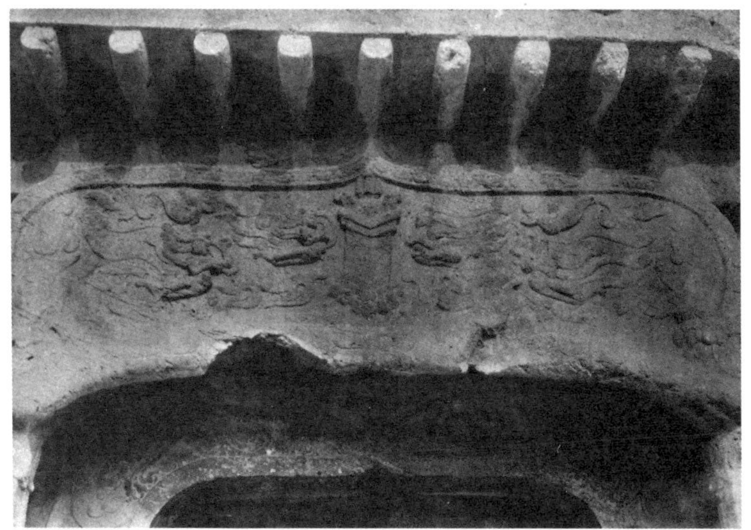

南响堂山第 7 窟入口上部刻样

第 6 窟力士洞，得名于入口内部的左右壁的金刚力士。此外，还有唐代的追刻和铭文。洞内回音很大。

第 7 窟千佛洞最为华丽，窟外整体外观为覆钵塔形。窟前设四柱三开间前廊的仿木结构建筑，其斗拱窟檐以上是大形覆钵，钵中央雕有一只展

南响堂山第 7 窟天井飞天

南响堂山第 7 窟窟内立佛

南响堂山第 7 窟西壁中尊

翅欲飞的金翅鸟，上雕宝珠，钵两端饰卷云状山花蕉叶。窟内左右三面有约三尺的宝坛，各面以坐佛或倚佛为本尊，两罗汉、两菩萨为胁侍共 5 尊佛，其背后及入口的左右内壁雕刻着千佛，本洞由此被称为“千佛洞”。窟顶微隆，雕莲花和8尊伎乐天，形象生动，颇具匠心。飞天浮雕，与唐代敦煌壁画上的飞天，虽然材质不同，却有异曲同工之妙。

小响堂

被称为“小响堂”的水峪寺石窟，与北响堂寺隔凤凰台和天宫峰东西相峙。史料记载，开凿于北齐武平五年（574）之前。水峪寺石窟仿照了北响堂山的样式，也是中心柱窟型，分为东西两窟，规模明显小于南北响堂山石窟。西窟相对较大，开凿的发起人和组织者张元妃，是明威将军陆景之妻，她还担任了水峪寺的第一任住持。传统上，每年农历的四月初八，附近群众都要来赶水峪寺庙会。

南响堂山石窟配置一览图

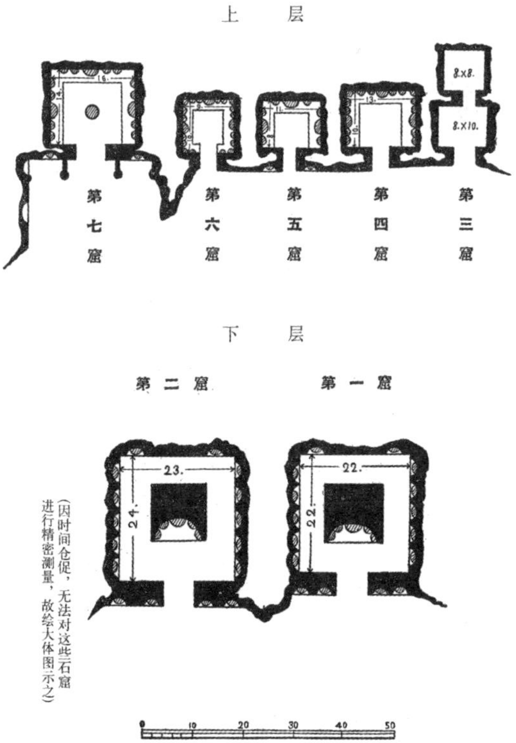

上　层

下　层

（因时间仓促，无法对这些石窟进行精密测量，故绘大体图示之）

20 世纪后的响堂山石窟

岁月无情。历经千年风雨侵蚀，尤其是近代的人为破坏，响堂山石窟已经不复为原先的模样。先是窟中大部分的单体石造像被盗走，浮雕被割取，石像头部和手部也多有缺失。

1909 年起，响堂山石窟石像和造像残件，逐渐出现在博物馆和私人收藏中。

1922 年，日本学者长畈大丁曾先后三次考察了响堂山石窟，在日本发表了调查报告。1922 年，日本学者常盘大定考察响堂山石窟，拍摄大量照片。

1924 年，附近乡绅和善男信女出资修缮南响堂寺院。

1935 年，中国学者徐炳旭、顾颉刚带领学生在南北响堂进行了拍照、拓片，对造像题记、碑刻等展开系统研究，后出版专著《南北响堂及其附近石刻目录》。

1936 年，营造学社刘敦桢考察响堂山石窟，主要观点写入《中国古代建筑史》。

1936 年，日本学者水野清一和长广敏雄考察响堂山石窟，拍摄照片，并拓印文字与画像，次年在日本出版《河北磁县河南武安响堂山石窟》。

1956 年，响堂山石窟文物保管所成立，响堂山石窟从此有了专门的保护机构。

1961 年，响堂山石窟列为第一批全国重点文物保护单位。

2003 年，“响堂山石窟：复原和还原”在美国芝加哥大学立项并正式启动，运用数字科技制作三维立体模型，为响堂山石窟和流失的石刻建立一个图像数据库。

2010 年，响堂山佛教石窟展览在美国华盛顿国家广场的赛克勒美术馆举行。展品包括赛克勒美术馆馆藏的 10 多件精美的响堂山雕塑，以及来自海外博物馆及私人收藏，是响堂山佛教雕塑的一次罕见的大规模集结。

2011 年，响堂山石窟艺术特展在美国弗利尔美术馆展出。

2017 年，响堂山石窟博物馆建成，对公众开放。

山东玉函山摩崖造像

隋代最大的石窟群

115

玉函山造像

山东是文化大省，也是文物大省，体系完整，内涵深厚。历史上，山东济南历城地区文物资源丰富，尤其是从北魏到唐代，历代均有造像，最有代表性的是神通寺摩崖造像和佛龛造像、神宝寺四方佛石雕、九塔寺九顶塔佛像、大佛洞大佛、黄石崖造像、龙洞造像、千佛山摩崖造像、玉函山摩崖造像、佛峪摩崖造像，以及佛慧山北宋大佛头像。

济南，自古有“南有泰山，北有玉函”之说。玉函山是泰山北麓最高的峰峦之一，海拔 523 米，是济南近郊最高的山峰，又名兴隆山、函山、卧佛山。在“青鸟衔玉函”这个神话传说中，玉函山得名于汉武帝在此得到玉函。唐代段成式《酉阳杂俎》记载：“齐郡函山有鸟，足青，嘴赤黄，素翼，绛额，名‘王母使者’。昔汉武登此山，得玉函，长五寸。帝下山，玉函忽化为白鸟飞去。世传山上有王母药函，常令鸟守之。”这个得而复失的长生不老药方，今天看来或许是一个隐喻。

玉函山山势呈东西走向，北有五峰，自西而东为鼓楼峰、透明峰、帅旗峰、行龙峰和鹅头峰。

玉函山摩崖造像，位于济南市市中区，在十六里河街道大涧村东北佛峪。峪，是山谷、峡谷的意思。玉函山阴自西而东共有三峪：西佛峪、柏石峪和花山峪。西佛峪，因在龙洞佛峪之西，故而得名。玉函山摩崖造像，在透明峰的西侧山崖间。此地山势险要，沟壑深幽，又有苍松翠柏，崖壁为石灰岩。

玉函山摩崖造像，主要开凿于隋代开皇四年（584）至二十年（600），唐代、元代增加过少量题记题刻，造像区全长 13.96 米，高 6.15 米，上下分五层，现存龛窟 31 个，造像 88 躯，题记 15 则。

玉函山摩崖造像，造型优美，刀法纯熟，是国内现存最大的隋代摩崖造像之一，也是研究隋代佛教雕刻艺术的宝贵资料。1995 年，玉函山摩崖造像被列为市级重点文物保护单位。

最有代表性的五龛

造像区五层中，最下面一层最有代表性，共有五龛，每龛皆容三尊佛。按照自右向左，最右侧为第一龛。

第 1 龛，龛高 130 厘米，宽 190 厘米。无年代铭文，推测是早期作品。龛内镌刻有释迦三尊，主尊高 130 厘米，结跏趺坐，两手相合，其面相、姿势以及衣纹样式尤为奇古简劲。右胁侍菩萨右手持宝珠，左菩萨左手安放于胸前。

玉函山造像一览图

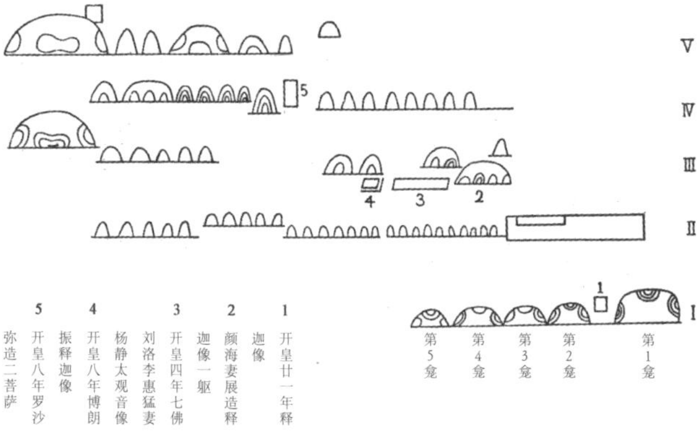

Ⅴ Ⅳ Ⅲ Ⅱ Ⅰ

5 4 3 2

1 开皇廿一年释迦像
2 颜海妻展造释迦像一躯
3 开皇四年七佛 刘洛李惠猛妻 杨静太观音像
4 开皇八年博朗振释迦像
5 开皇八年罗沙弥造二菩萨

第5龛 第4龛 第3龛 第2龛 1 第1龛

玉函山第 1 龛释迦三尊

玉函山第 1 龛右胁侍菩萨

玉函山第 2 龛铭文拓本

第 2 龛，龛高 97 厘米，宽 158 厘米。镌刻有释迦三尊。中尊坐佛释迦结禅定印，面相丰美，带有明显的印度笈多风格，衣纹流畅，躯体平衡。右胁侍菩萨举右手，左胁侍菩萨右手持莲蕾，姿态优美，衣纹褶皱中有北

玉函山第 2 龛张氏造三尊

玉函山第 3 龛右胁侍菩萨

玉函山第 3 龛左胁侍菩萨

魏手法。龛右方上部镌刻有帐饰龛眉，其上刻有李化成、刘教玉、李村、王朝阳等 30 多供养人姓名。有题记，显示为隋开皇二十年（600）张竣之母桓为亡夫张遵义所造。

玉函山第 4 龛夏树造弥勒三尊右胁侍菩萨

玉函山第 4 龛夏树造弥勒三尊左胁侍菩萨

第 3 龛，龛高 98 厘米，宽 134 厘米。建于开皇四年（584），弥勒三尊。主尊坐佛高 96 厘米。右胁侍菩萨右手上举，左手下垂；左胁侍菩萨右手持莲蕾斜上举，左手下垂。

第 4 龛，龛高 98 厘米，宽 157.5 厘米。建于开皇五年（585），夏树所造弥勒三尊。坐佛高 94 厘米，造像手法单纯，右胁侍菩萨举左手持物，左胁侍菩萨右手结未敷莲花印。

第 5 龛，龛高 72 厘米，宽 80 厘米。建于开皇十三年（593），罗宝奴为亡父绍及、亡姊阿贰所造。文末特记绍之妻王与女华仁侍佛时。祈愿其笃信之热情生生世世不离佛畔。弥陀佛高 70 厘米，造像手法简朴，几无衣纹褶皱。左右二菩萨无明显特征。右胁侍菩萨垂右手，左胁侍菩萨右手持莲花。胁侍镌有天衣与璎珞，无衣纹褶皱。

玉函山摩崖造像的特点

玉函山摩崖造像，建造时间是隋朝初年。隋代造像，上承北魏，下启唐宋。龛形以长方形为主，多为小龛；佛像菩萨像主要特征是头部较

玉函山第 5 龛罗宝奴造弥陀三尊

大，面相方圆，身躯饱满，多采用直平线阶梯式刻法，线条疏洁，衣纹简直，但增加了串珠等饰物；佛像敷彩，以红蓝两色为主，佛像身后都有大背光。

由于隋朝时期佛教信仰深入民间，供养人不复为王公贵族，多为普通人，建造目的是为家人祈福。从佛峪寺造像题刻看，最早建龛的是一位名为杨静太的普通妇女，建龛时间为开皇四年（584）八月初十。其后，刘洛、夏树、罗江、王景遵、傅郎振、罗宝奴、张竣母桓、颜海夫妇、僧人智定等建龛人，都是史书上没有记载的普通人。

玉函山摩崖造像，或许揭示了这样一个道理：一个普通人，只要下决心去做一件自己认为正确的事情，就能够成就一项伟大的事业。杨静太，

玉函山造像全景

隋代一位普通妇女，虽然名不见经传，但她以一己之力开启了玉函山人文历史的新篇章。可见，一个人干的好事坏事，常常比这个人的生命更长久。

玉函山摩崖造像遭遇的劫难

西佛峪山腰处有新月形天然石台，宽约 10 米，为隋代西佛峪寺（又

名卧佛寺）遗址，目前“佛峪寺”只有简陋建筑。西北面山腰，一块巨石上有“佛峪”两个大字，为元代至元元年（1264）所刻。山梁上，还残存清代的“灵官阁”“南天门”“转轮藏”，以及几块石碑。

北宋著名文学家、“苏门四学士”之一晁补之写下了《谯都对酒忆玉函山》：“不遣西楼对玉函，宋谯频缀副车衔。今年重污花前酒，犹是扬州别驾衫。”

明代著名文学家李攀龙留下了《过吴子玉函山草堂》：“玉函山色草堂偏，恰有幽人拥膝眠。树杪径回千涧合，窗中天尽四峰连。绿荫欲满桑蚕月，白首重论竹马年。就此一樽无不可，因君已办阮家钱。”

明代诗人于慎行到此留下了《玉函山眺望》一诗：“岱宗直北玉函开，海客乘春蹑屩来。绝壁松杉含宝相，中峰云气出香台。湖边万井烟光动，城上双河练影回。青鸟不归丹鹫远，仙踪佛地两徘徊。”

20 世纪 20 年代，日本学者关野贞和常盘大定来此进行过考察，拍照、拓印，进行研究；之后，瑞典学者喜龙仁也来此地进行过调查。

1954 年，中国学者张鹤云和荆三林对山东历城地区造像进行了详细研究，认为这些隋代造像造型华丽，衣纹遒劲，比例适度。荆三林在随后发表的论文《济南郊外历代石窟及摩崖造像》中，描述了玉函山摩崖造像 1954 年的保存情况：

玉函山西佛峪隋代的造像，保存还相当的完整，且有些颜色好像还是旧有的，但黄石崖造像大部没有了头部或脸部，而玉函山的造像在这方面很少有毁坏——只有一个脸部缺一块。其原因：第一，按刻石及凿窟造像以北魏最发达，对这些造像首先破坏而且破坏最烈的是北周武帝时（560—578），即佛史所称为“三武之厄”的一武；按北周武帝灭北齐时即进行毁坏齐境的佛寺经像（事在577年），济南原属于北齐；而黄石崖接近城市，当然属于首先破坏之列。玉函山开始造像在隋开皇五年（585）是即在此大厄后八年，且隋文帝是崇信佛教，屡下令禁毁佛像。此后唐代武宗虽禁佛教（事在845—846年），在破坏佛像上没有那样大的剧烈。这就是说，玉函山造佛在中国历史上没有遭遇到大破坏的时代。第二，再一个对刻石造像的破坏时期是近百年来一些帝国主义份子在中国的盗劫古代文物，但所劫多为艺术价值较高且便于劫掠的，黄石崖造像不只为离城市为近，盗劫方便，且艺术又精美，当然又是首当其冲。玉函山远离市区，且亦不甚合于首先盗劫的条件，因此才又可以避去了这“一关”。第三，再就玉函山西佛峪本身来说，自元代以来一直在发展，有人保护，这是一个优越的条件。由于这三个原因，所以玉函山西佛峪隋代造像，才会经过一千三百七十多年，仍完整的见于今日。

世事沧桑。20世纪60年代，尽管当时玉函山距离市区较远，但摩崖造像还是惨遭浩劫。佛像和菩萨头部被凿去或面部被凿损，有的身躯也遭破坏，甚至被整体凿毁。

今天，玉函山摩崖造像虽然已经没有一尊完整的佛像，不过还是可以通过劫后余存，看出佛龛形制、造像内容和排列方式。

青州云门山石窟

隋代精品之最

125

青州石刻历史长、年代久，郦道元《水经注》中记载了春秋战国时期的尧王山岩画。北魏时期有郑道昭摩崖题刻，宋代有范仲淹、欧阳修、富弼、赵明诚等在摩崖峭壁之间留下的题名、题记和题诗。

青州石刻种类齐全，数量众多，散布于云门山、驼山、仰天山、玲珑山等名山。分布相对集中，保存相对完好。

云门山云门上部

云门山

云门山位于青州城区南部 2 千米处，青州市驼山南路延伸段，海拔 421 米，是国家地质公园、国家重点风景名胜区、国家 AAAAA 级旅游景区。云门山石窟，为第七批全国重点文物保护单位之一。

云门山陡崖峭立，山势巍峨，漫山松柏。云门山上因有云门洞，隋朝年间得名云门。云门洞是天然形成，南北贯通，洞高约 3 米，宽约 4 米，深 6 米余，远望如高悬太空的明镜。夏秋季节，常有云雾穿洞而过，把山顶的亭台楼阁烘托如仙境。“云门仙境”或“云门拱壁”，自古是青州一处胜景。

云门山石窟概况

云门山，自古是佛道两家共修之地。石窟始凿于北齐，绵延 200 多年，到唐武宗灭佛时才戛然而止。现有隋唐石窟造像 5 处、石佛 272 尊，特点是久远、窟大、精美。此外，摩崖上还有历代文人墨客、善男信女的题刻和碑碣。

云门山石窟造像在山南崖壁上，为礼拜窟，有洞窟和大龛 5 个及一些小龛，共有大小造像 270 身。由西向东，第一、二龛较浅，是开凿于隋代开皇年间（581—600）的大型尖拱浅龛；第三、四、五窟较深，是唐代的小型方形平顶洞室窟，开凿的位置也都比较高。所有造像，原曾着色敷彩。

云门山的窟龛

第 1 龛宽约 10 尺，高约 9 尺，格局为一佛菩萨二天王，中央为本尊释迦坐像，左右镌刻有胁侍菩萨立像，前面两侧为金刚力士像。龛内壁，还有 30 尊小佛像。

本尊结跏趺坐，体格宏大。面庞稍长，狭额，浓眉大眼，高鼻，嘴角

云门山第 1 龛和第 2 龛

云门山第 1 龛全景

下沉，重颐，颈部镌有两条横线。衣纹颇简劲，后方有宝珠形背光。整体看，相貌浑朴，有特异之风。

胁侍菩萨像，面容与本尊接近。姿势修直、整齐，衣纹线条简劲，天衣展开于身体两侧，具有典型的隋代特点。两侧为金刚力士像，可惜破损严重。

龛壁作小尖栱龛，容小佛，手法简洁。有三种布置：一龛一佛、一龛二佛、一龛三尊。多为坐像，有一倚像。

云门山第1龛本尊

有隋、唐、五代不同时期14条铭文，年代最早的是开皇十年（590）。

岁月沧桑，与百年前的旧照对比，如今主尊和胁侍菩萨的头部遭到破坏，面部被凿去，手部和身躯也有新的残损和风化。窟内外的小龛佛像也有更多的损坏。

第1、2龛之间刻有燃灯佛像。

云门山第1龛右胁侍菩萨

第2龛宽约12尺，高约15尺。形制同第一龛，本尊佛像在明朝中期被毁，现有左右两胁侍菩萨观世音、大势至像及龛壁中24尊小佛像。左右胁侍菩萨头戴高冠，左右引出双翅，面目清秀，颈下有项链装饰，身上配戴雕刻细致的璎珞。菩萨像为隋代式样，是隋代造像代表作。尤其是右胁侍菩萨，面容端丽，姿势优雅，宝冠佩钏。石带手法丰美，莲座刻法雄健。两腿之间的蔽膝，就是从腰间下垂到地面的华丽饰带，刻出许多方格，四周作连珠纹，有华丽的摩尼宝珠、莲花、忍冬图案，最值得一提的是还有两人的合欢图。

龛内小佛像制作手法简洁，结构平衡，整体美感很强。龛外右侧有17尊小佛，左侧有10尊小佛，为隋末唐初的风格。

龛内小佛像之间铭文，龛外左方下部三尊佛上也有唐天宝十二载

云门山第1龛壁刻小佛右侧上方三像和下方三尊

云门山第1龛壁刻小佛左侧七像

云门山第2龛右胁侍菩萨和壁刻小佛

云门山第2龛左胁侍菩萨和壁刻小佛

(753)的铭文，龛下方有宋至道三年(997)铭文。

云门山第2龛右胁侍菩萨头部

梁思成在《中国雕塑史》中这样评价云门山石窟第2龛:“像不在窟中，乃摩崖作龛供养，日光阴影，实助增其美。佛龛中一佛，一菩萨，一天王胁侍……佛龛本尊，高坐宝座上，其姿势不若旧式之呆板，而呈安适之意。其状若似倚龛而坐，首微前伸，若有所视者。其衣褶至为流畅，虽原来已极流畅之裙下端，亦有加焉。其连环式之曲线及波形褶纹依旧，而其流畅则远在他像之上。然此像之长，不唯在其宏大及生动，其最大特点乃在其衣裙物体之实在。其褶纹非徒为有韵律之雕饰，抑且对于光线之操纵，使像能表出其雕刻的意义，实为其最大特点。其面貌亦能表现其个性，目张唇展，甚能表示作者个性，其技艺纯熟有如唐代，然其形制则纯属初隋，实开皇中之最精品也。”与百年前的旧照对比，右胁侍菩萨的头部损毁严重，窟内小龛部分造像头部被凿毁。

第2龛东边小龛，有唐代所刻卢舍那佛像。

第3—5窟开凿于唐代开元年间(713—741)，位于云门洞的上方，虽大小不一，但形制相同，内刻一佛二菩萨二力士或二天王像。

第3窟，在最西边，后壁镌有本尊释迦牟尼倚像及两罗汉、左右两壁有两菩萨、天王像。两天王身着甲胄，手执钢叉，脚踏魔鬼。菩萨和天王中间有供养者小像。龛左岩面，镌有唐天宝十二载(753)的造像铭。窟内左右壁，还有供养比丘像。与百年前的旧照对比，主尊及胁侍弟子、菩萨、力士头部均被凿损。

第4窟，居中，窟后壁作有本尊倚像、两罗汉，左右两壁中作有两菩萨、两力士。无造像铭文，但与第3窟、第4窟样式类似，同为唐代风格。

云门山第 2 龛右胁侍菩萨下半身

力士上身袒露、肌肉隆起、赤脚着裙，头冠有双鸟尾，反映了唐代力士像的特征。与百年前的旧照对比，主尊及胁侍弟子、菩萨、力士头部均被凿损。

第 5 窟，在最东边，本尊是释迦倚像，左右有两罗汉，两侧壁又有两菩萨、天王像。此外，龛内壁面镌刻有小千佛。本尊坐方座，两脚垂下，躯体丰满，透衣而显，下肢方座之显露受中印度笈多风格影响。方座下有坛，沿壁环绕三面，前部镌有一茎两花的莲花。两旁有供养者孟都县令唐明照及夫人韦氏的供养像。龛内右壁下端有唐开元十九年（731）造像铭文“云门山功德录”，文字至今大多可以辨认。

站在云门山望寿阁向西望去，可以望见隔溪相对的驼山。驼山东南面崖壁上，有隋唐时期的六处佛龛，石

云门山第 5 龛本尊和壁刻千佛

佛造像 638 尊，保存完整，现在也是全国重点文物保护单位之一。

云门山和驼山石窟隋代造像，吸取了此前多处造像风格的特点，大如面部，小如佛衣、瓔珞、披帛等细节方面，不仅深受响堂山石窟、青州龙兴寺、麦积山石窟中的北齐、北周佛教造像的影响，还吸收了南京千佛崖石窟、成都万佛寺中南朝佛教造像的特色，加以融会贯通，形成了敦厚凝重、繁丽华美的风格，进而有别于隋代其他石窟造像。

云门山石窟的千年风雨

唐代官员赵居贞《云门山投龙诗》一首：“晓登云门山，直上一千尺。绝顶弥孤耸，盘途几倾窄。前对竖裂峰，下临削成壁。阳巘灵芝秀，阴崖半天赤。大壑静不波，渺溟无际极。是时雪初霁，冱寒水更积。披展送龙仪，宁安服狐白。沛恩惟圣主，祈福在方伯。三元章醮升，五域□□觌。帟幕翠微亘，机茵丹洞辟。祝起鸣天鼓，拜传端素册。霞间朱绂萦，岚际黄裳襞。玉策奉诚信，仙佩俟奔驿。香气入岫门，瑞云出岩石。至诚必招感，大福旋来格。空中忽神言，帝寿万千百。”

唐代诗人白居易有《晚春登大云寺南楼赠常禅师》一诗：“花尽头新白，登楼意若何？岁时春日少，世界苦人多。愁醉非因酒，悲吟不是歌。求师治此病，唯劝读楞伽。”

1936 年，梁思成、林徽因曾来此地考察。梁思成这样评价云门山石窟造像：“云门山与驼山隔溪相对，相去咫尺，而其美术之地位，则极悬殊。大像数少，且极残破，然其优美，则不因此而减也。其年代较之驼山约迟十年。其雕工至为成熟，可称隋代最精作品。”

1992 年 6 月 12 日，云门山石窟造像被山东省人民政府列为山东省第二批省级文物保护单位。

2013 年，云门山石窟造像列为第七批全国重点文物保护单位。

济南神通寺千佛崖

唐代最初的微笑

135

距离济南市东南40千米，历城柳埠镇东北2千米，是琨瑞山金舆谷。琨瑞山，又名金舆山、金榆山、昆嵛山，地处锦阳川畔，其东侧的山为青龙山，西侧为白虎山。两山之间的山峪即为金舆谷，也称朗公谷。

神通寺

神通寺，位于青龙山麓，南距泰山25千米，是齐鲁大地上最大的一处古代寺院，也是山东佛教的发祥地，建于东晋初，前秦皇始元年（351），以其创始人为僧朗公禅师而得名朗公寺。后经历了北魏太武帝太平真君七年（446）灭佛运动，寺庙被毁；北魏孝明帝正光元年（520），法定和尚在方山的南面重建灵岩寺；北周建德三年（574），武帝灭佛，寺庙再次被毁；隋文帝时期，推行崇尚佛教的政策，隋文帝因得神通感应，于开皇三年（583）改名为神通寺，得到进一步发展；唐代重新规划了寺院，向西移到今千佛殿一带，其规模日益宏伟；会昌五年（845），唐武宗灭佛，灵岩寺再遭劫难。大中五年（851），灵岩寺得到重修和发展；北宋灵岩寺发展到“有良田可以封万户，有华屋可以荫万家，有余资可以济万民”；金代灵岩寺更加发展，其规模仍为天下之冠；明清不断被翻修、改造、增减；清末寺院逐渐衰败。

现存建筑多为隋唐时期所建，如四门塔、龙虎塔、唐基台与墓塔林。

历史上，有不少帝王重视神通寺，先后下诏保护。有的还曾来此礼佛，如隋文帝、唐高宗李治与皇后武则天。清乾隆帝到过9次，建爱山楼（后称“乾隆行宫”），命名“灵岩八景”，并赋诗百余首。

神通寺千年历史中，也曾造就了30余位高僧。

北魏郦道元《水经注》中关于神通寺的记载

济水又东北，右会玉水。水导源泰山朗公谷，旧名琨瑞溪。有沙门竺僧朗，少事佛图澄，硕学渊通，尤明气纬，隐于此谷，因谓之朗公谷。故车频《秦书》云：“苻坚时，沙门竺僧朗，尝从隐士张巨和游，巨和常穴居，而朗居琨瑞山，大起殿舍，连楼累阁，虽素饰不同，并以静外致称。”即此谷也。

灭法

又称法难，指中国历史上四次毁灭佛法的事件，即北魏太平真君七年（446）太武帝灭佛、北周建德三年（574）武帝灭佛、唐武宗会昌五年（845）灭佛（会昌法难）、后周显德二年（955）世宗灭佛，史称“三武一宗”。

神通寺全景

朗公少年出家并开始周游访学，后到长安，在关中讲学，前秦皇始元年（351），移居泰山中，“大起殿舍，连楼累阁”，是神通寺的创始人。

法定，北魏僧人，北魏正光元年（520），在方山之阴建静默寺（唐更名为神宝寺），后于方山之阳重建灵岩寺（今甘露泉旁），规模宏大，信徒云集。

慧崇，唐朝僧人，唐贞观年间（627—649）将灵岩寺由甘露泉西迁建于现址。

千佛崖概况

最先在神通寺山崖开窟造像的是沙栋和明德。

沙栋，第一个在神通寺开凿佛像，于唐高祖武德二年（619）在神通寺西邻的山崖上开凿第一尊佛像，开始了依山凿崖的佛教功德。

明德，神通寺僧人，于贞观十八年（644）和显庆三年（658）两次造像，并留下题记。

千佛崖造像，始于唐初，繁荣于高宗时期（650—683），至睿宗文明年（684）已近尾声，也有个别造像是武周或中唐时期。

造像人，从僧人开始，继而是皇亲国戚和达官贵族，如南平长公主、赵王李福、驸马刘玄意，最后是普通信众。

千佛崖摩崖唐代造像，是山东省内的唐代佛教石刻造像主要遗存。南北长 65 米、高 7 米，主要为摩崖龛像，布满崖壁。有洞窟 6 个，现存大小造像 210 尊，造像题记 43 则，其中 10 尊刻有武德、贞观、显庆、永淳、文明等年号。

这组造像群刻，造型风格优美，具有较高的艺术和历史研究价值，历经千年风雨依然保存完好，于 1988 年被国务院列为第三批全国重点文物保护单位。

代表性窟龛

窟区最南端的石窟造像，由唐太宗李世民的三女儿南平长公主为逝世

神通寺千佛崖第 2 大龛二佛

神通寺千佛崖第 2 大龛王玄亮造像

神通寺千佛崖第 2 大龛高道邱造像

神通寺千佛崖第 2 大龛右方佛

神通寺千佛崖第 2 大龛左方佛

的父皇祈福而造，于显庆二年（657）所造。窟内镌坐佛一尊，造像面相丰满安详，眼鼻高度适中，眉目清秀，静中含笑，衣纹细密流畅，雕刻技法流畅柔和，娴熟精练，有魏晋造像遗风。龛右外侧刻题记：“显庆二年南平长公主为太宗皇帝敬造像一躯。”

神通寺千佛崖小龛群

神通寺千佛崖刘玄意造像

神通寺千佛崖僧慈荫造像

千佛崖中部偏南位置，是南平长公主之夫，时任齐州刺史的驸马刘玄意造像龛，于显庆三年（658）所造。长方形，龛外饰有瓔珞门楣，外镌力士像和狮子。龛内镌有佛像二尊，结跏趺坐，面部方圆，施无畏印。龛内还有大小三尊佛像。门楣外题记为："大唐显庆三年九月十五日齐州刺史上柱国驸马都尉渝国公刘玄意敬造像供养。"

刘玄意造像龛的右侧，有 11 个小龛，造像也很优美。最下面的龛里，有僧慈荫的铭文。

荆三林、张鹤云先生考察之后，在 1956 年发表的论文《神通寺史迹初步调查记略》里总结："二米以上高大佛像七尊。二米以下大小佛龛造像共计为一百九十余尊，残破不显著的尚未计算在内。保存大部完整，造像技术精巧，为唐代造像遗存中相当伟大的一区。"

神通寺千佛崖第 3 和第 4 大龛僧明德造像

千佛崖的艺术价值

神通寺内有大殿和佛塔可以礼佛，因此千佛崖没有僧房窟与塔庙窟，均为浅龛无深窟，龛外无顶棚结构。

总体看，千佛崖窟龛造型以圆拱形龛为主，素面无装饰。也有少量方形造像龛、尖拱形造像龛、塔形造像龛。宽度较小、进深较浅。千佛崖造像，在圆拱形造像龛、力士造像、尖拱形造像龛、圆形莲花纹头光尖桃形项光方面，继承了龙门石窟的风格；而在方形造像龛、塔形造像龛方面，则受济南本地传统造像的影响。

神通寺千佛崖第 3 大龛及其上方

从石窟造像风格来看，明显受到洛阳龙门石窟、河北响堂山石窟的影

神通寺千佛崖第 3 大龛僧明德造像

响。造像组合上，主要是单尊佛造像，一铺一身，大都有圆形头光和桃形项光，颈部较短，多有蚕节纹。佛像除两龛倚坐佛像外，均为结跏趺坐阿弥陀佛及释迦牟尼佛，多结禅定印；菩萨有单体坐菩萨和胁侍立菩萨两种造型。单体坐菩萨结跏趺坐于仰莲座或束腰莲座之上，施禅定印；胁侍立菩萨则立于佛两侧，多为一手上举，一手垂于体侧。结跏趺坐，结禅定印，证明当时已经盛行禅宗。

初唐造像风格，体形圆润，手法细腻写实，有较为明显的世俗化倾向。佛衣方面则延续了隋代双领下垂式袈裟，袈裟垂于座下形成悬赏，有鲜明特征的倒八字形衣纹。背光样式，多为圆形莲花纹头光、尖桃形火焰纹项光组合。

造像题材上，有释迦牟尼佛、阿弥陀佛、弥勒佛、药师佛、三十五方佛、菩萨造像、力士造像、二佛并坐等，多数为阿弥陀佛、弥勒佛、二佛并坐。值得注意的是，还出现了三十五方佛和药师佛。

神通寺千佛崖第 3 大龛造像

神通寺千佛崖极南龛造像

20 世纪后的神通寺

20 世纪初，日本学者常盘大定来此考察之后，评论说：“实为一大伟观。云冈、龙门、巩县、宝山、响堂山、天龙山等所有石窟都因积极或消极的破坏，状态凄惨。而神通寺摩崖石刻的优点，就是除了自然的损伤之外没有被施加任何故意的破坏。这一点在中国的石窟中是无与伦比的……能接触到如此唐代文化，实为学界至幸。”

1985 年，寺院重修。

1999 年，神通寺遗址前建设了神通寺遗址博物馆。

广元千佛崖

石窟艺术进四川

145

自古以来，四川盆地对外交通只有两条：一条是川东水路；另一条便是走蜀道，向北越巴山，过秦岭，到陕西。

四川广元，自古就是川北门户、蜀道咽喉。嘉陵江边，金牛古道蜿蜒曲折，通向陕西。

广元千佛崖的来龙去脉

北魏永平元年（508），位于广元市北 5 千米处第一座寺院柏堂寺（武周时期改名为大云寺）在嘉陵江东岸大梁山麓间修建起来。不久，山崖上渐次开始开凿石窟。

石窟开凿，隋代有增建，到唐代达到兴盛，宋、元、明、清各代也有增建。从目前可见的石窟中所刻年号看，主要有：唐元和年间（806—820）、大中年间（847—859）、广明年间（880—881），北宋咸平年间（998—1003）、天圣九年（1031）、元祐年间（1086—1093）、元符年间（1098—1100）、绍兴年间（1131—1162）等。

唐宋时期，北方的石窟文化逐渐衰落，但以四川为代表的南方石窟造像却开启了一片新天地，从千佛崖开始渐渐向南传播，形成广元城西南嘉陵江西岸乌龙山麓皇泽寺石窟，以及资阳市安岳县的安岳石窟、重庆市大足县（今重庆市大足区）的大足石窟等。

经过西魏、北周和隋不断扩建，千佛崖在武周至开元十年走向繁荣，到清代达到鼎盛时期，全崖造像达 1.7 万余躯。乾隆二十二年（1757），张赓谟、应德伟等纂修《广元县志》记载：“千佛岩，在县北十里。江东即石柜阁也。峭壁千仞，逼临大江。杜诗云，石柜曾波上，临虚荡高壁。先是悬崖架木，作栈而行。唐韦抗凿石为道，并凿千佛，遂成通衢。”另据清咸丰四年（1854）碑文记载，全崖造像达“一万七千有奇”。

金牛古道

又名石牛道、五丁道、剑阁道、蜀栈、南栈，是天府之国通向八百里秦川的必经之路，北到长安（今西安），南到益州（今成都），全长约 1 000 千米。开凿于公元前 3 世纪的古蜀国开明王朝时期，被称为世界交通史的活化石。

千佛崖段金牛道遗址，现存遗址 300 余米、栈道孔 30 多个。悬崖壁立，地势险要。

千佛崖前景

1935—1936 年，正值山河破碎、保家卫国之际，修筑川陕公路成为当务之急。川陕公路借用了金牛古道，南段崖壁炸毁，千佛崖石窟约三分之一造像被毁，这些雕像被凿碎铺路。

现仅存龛窟 950 个及大小造像 7 000 余尊。尽管如此，但千佛崖仍是四川造像最早、规模最为宏伟的石窟群。历经 1 500 年历史，在长 388 米、高 45 米的峭壁上，大小窟龛层叠分布，最密集的区域内有 14 层之多，

千佛崖造像局部

密如蜂房。崖南头是石柜阁，皇泽寺也隔江相望。

广元千佛崖的布局

全崖造像以大云洞为中心，分南北两段。南段代表性龛窟是：大佛洞、莲花洞、牟尼阁、千佛洞、睡佛龛、多宝佛龛、接引佛龛、供养人龛、神龙大佛、如意轮观音、单身佛窟等；北段代表性龛窟是：三世佛龛、无忧花树窟、弥勒佛龛、三身佛龛、节行僧龛、菩提像窟、伎乐天人窟、地藏王龛、力士龛、卢舍那佛龛、十一面观音像、阿弥陀佛龛、飞天窟、清代藏佛洞等。

最新考古研究表明，北魏时期开凿的有三个：三圣堂（226 号）、大佛窟（726 号）和莲花洞（535 号），均位于千佛崖中段下层，紧邻金牛道（古蜀道）边。

三圣堂位居千佛崖中段偏下部，为方形平顶窟，敞口，平面方形，略呈平顶。窟宽 2.16 米、高 2.7 米、深 2.1 米。三壁开龛，三龛内均造一佛二菩萨三尊像，龛楣上雕二龙回首图案。典型北朝风格。坐佛背光浮雕七佛和六飞天。后世有补凿，其中纪年像唐 2 龛，五代、宋各 1 龛。

大佛窟位于千佛崖窟群南端下层，窟宽 5.73 米、高 5.52 米、深 4.9 米。马蹄形平面，穹隆顶式窟，是直接在正壁造像的佛殿窟，窟内为一佛二菩萨三尊像组合：正壁一立佛，南北壁各胁侍一立菩萨。平面结构及造像组合特征，是云冈昙曜五窟以来的旧法。雕像面部特征与服饰风格，北魏晚期风格明显。其他如佛侧二弟子及各壁造像，为后代补凿。

莲花洞得名于窟顶正中浮雕一朵双层莲瓣大莲花，正中为圆形莲蕊。窟高 3.6 米、宽 4.95 米、深 3.35 米、坛高 0.53 米，正（东）壁大龛高 2.5 米、宽 2.06 米、深 0.37 米。坛上方三壁各开一个圆拱形大龛，各雕一佛二菩萨像。窟右壁新发现烟苔覆盖下的武周时期题记两则，表明唐武周时期改造成为三壁三龛，并凿大量小龛中雕造的

千佛崖造像：三尊佛

千佛崖造像：罗汉、菩萨、天王、力士、塔等

一佛二菩萨像、单尊菩萨像、单尊地藏像、指日月瑞像等，其造像题材和风格都反映了与长安的密切相关。清代，窟顶莲花被改绘成太极八卦彩绘图案，周围加缠枝花卉。

北魏佛像特征是磨光肉髻，颈部细长，双肩瘦削，袈裟下摆宽大，呈八字形分开；菩萨头绾双髻，身躯粗壮，帔帛交叉于腹前，无璎珞装饰。

北魏三窟，由于时代久远，造像风化毁损较严重，虽经清代修补后仍然有大面积风化剥蚀。

北魏之后，历朝历代开凿顺序大体上是由南向北，自下而上。

隋代造像，以北大佛窟为代表。北大佛窟位居千佛崖中段偏下部。敞口，平面方形，略呈平顶。三壁各开一大龛，均为一坐佛二菩萨三尊像。本尊正中倚坐弥勒佛，端庄雄伟，高 4.31 米。隋代造像风格，与南北朝时期有很大变化，佛像均为螺发，面相丰满，躯体健壮。流行双领下垂式袈裟、通肩袈裟，也有袒右袈裟等。

唐代造像，以大云洞（512 号）为代表。

大云洞是千佛崖规模最大的窟龛，窟外建有木结构窟檐。窟口横额为清道光十九年（1839）题“大云古洞”。窟高 3.8 米，宽 5.6 米，深 10.6 米。唐开元三年（715）至十年（722）剑南道按察使银青光禄大夫行益州大都督府长史韦抗所凿，居千佛崖中心位置，主尊为弥勒佛，高 2.38 米，磨光肉髻，面容丰腴，施与愿印。颈雕三道纹，着贴体通肩大衣，刀势圆折，褶纹较浅。头光圆形，身光桃形，通身大背光长圆形上浮雕菩提树叶。坛后部南北各凿一方形平顶圆拱龛，龛中凿坛，上设一佛二弟子二菩萨二力士二天王二供养菩萨，共 11 尊像。窟室南北壁各凿 5 排立菩萨。窟室南部，有一个外方内圆的韦抗窟。

除大云洞之外，牟尼阁、睡佛龛、千佛洞、毗卢佛龛等都是典型代表，各有特色。不过，主要集中在盛唐时期，少量从唐高宗时期开始，以武周至开元时期居多，安史之乱后明显减少。这一阶段是千佛崖石窟造像水平最高、技艺最成熟的时期，窟龛形制变化也最多，主要窟形有方形平顶窟、背屏式佛坛平顶方形窟、敞口圆拱形窟等。

广元千佛崖经历的千年岁月

在随后的岁月里，千佛崖上的千佛，默默地注视着奔流不息的嘉陵江水，见证了人类千年历史，目送千万热血男儿走向保家卫国的战场。金牛古道上，出川进川的人们，每当经过千佛崖，总能获得宁静与安慰。

同时，千佛崖也吸引了文人墨客的眼光。

唐代诗人杜甫曾经写下《石柜阁》一诗："季冬日已长，山晚半天赤。蜀道多早花，江间饶奇石。石柜曾波上，临虚荡高壁。清晖回群鸥，暝色带远客。羁栖负幽意，感叹向绝迹。信甘孱懦婴，不独冻馁迫。优游谢康乐，放浪陶彭泽。吾衰未自安，谢尔性所适。"

唐代诗人苏颋《利州北佛龛前重于去岁题处作》："重岩载看美，分塔起层标。蜀守经涂处，巴人作礼朝。"

清代，康熙第十七子爱新觉罗·胤礼写下《题千佛崖》："是法妙难思，非凡亦非圣。恒河沙数佛，俨然同一会。拨芜堕邪儿，执有主憎爱。诸法从本来，常自寂灭相。微尘置大地，滴水注大海。是力报佛恩，普及于一切。"

20 世纪初，千佛崖吸引了世界的目光，中外学者纷纷来此进行考察活动。

1902 年，日本学者伊东忠太随日本考察团考察千佛崖，拍摄了千佛崖珍贵照片，其考察成果后收录于由常盘大定、关野贞所著的《中国文化史迹》一书。

1908 年，德国人恩斯特·柏石曼拍摄了千佛崖中段和莲花洞照片。

1914 年、1917 年，法国人色伽兰、瓦占、拉狄格三人来此考察，调查情况记录在《中国考古图录》和《中国西部考古记》中。

1939 年，梁思成、刘敦桢等学者考察千佛崖并拍摄了许多龛窟照片。

1939 年、1940 年、1943 年，张大千三次考察千佛崖，并发现几处六朝造像。

1961 年，千佛崖石窟被列为第一批全国文物保护单位。

1999 年，千佛崖前的川陕公路改道后山穿隧道而过，千佛崖得到更好保护。

西安宝庆寺花塔

初唐佛像刻石代表作

153

宝庆寺塔，又称花塔，位于今西安市大南门内书院门街口北侧。

宝庆寺，历经千年，有比较曲折的故事。

宝庆寺，先有寺，后有塔。寺初建于隋文帝仁寿年间（601—604），塔始建于唐文宗大和、开成年间（827—840），相隔两百多年。

一般认为，宝庆寺原址在唐长安城安仁坊（隋名大兴城安民坊），依

宝庆寺

宝庆寺砖塔

据的是清代及之后的资料；近年也有学者依据元代资料，认为在道政坊。安仁坊在皇城南门朱雀门以南，东侧第三坊；道政坊则位于城东端，紧邻东市。假如在安仁坊，那么就与荐福寺（小雁塔）同在一坊，然而关于小雁塔的大量资料都没有提及宝庆寺以及花塔。所以，宝庆寺原址在哪里，目前还是历史悬案。

据史料记载，宝庆寺塔通体由色彩斑斓的“五色砖”砌筑而成，因此得名“花塔”（也通称“华塔”）。从此，宝庆寺也被称为“花塔寺”。

花塔，造型特征是在塔身上半部分装饰有各种繁复的花饰，远观酷似巨大花束，整个塔造型富于变化。花塔形成于宋辽金时期，元代之后几乎绝迹，现全国范围仅存花塔十几座。宝庆寺花塔是现存为数不多的花塔中造型最奇特、装饰最华美的。

光宅寺

这里要插入一个有关光宅寺的故事：

662—663 年间，唐高宗扩建城外东北的大明宫，将朝政重心转移至此。

宝庆寺佛像刻石配置图

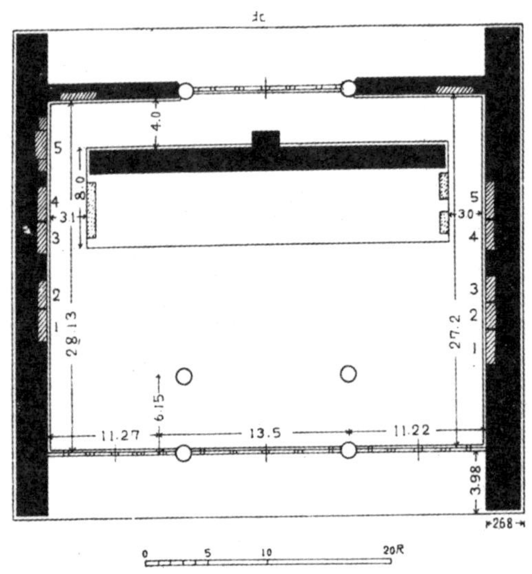

新开辟的南大道，将翊善坊一分为二，西半边便取名光宅坊。坊的横街以北，就是大明宫。

光宅寺就坐落在朱雀街西的光宅坊。宋代《长安志》记载："长安光宅坊有光宅寺。唐仪凤二年立。武后二年置七宝台。"仪凤二年，是公元677 年；武后长安二年，是公元 702 年，也有史书认为是长安三年。

光宅坊，原有葡萄园，是武则天消遣之地。仪凤二年（677），在葡萄园发现石碗，内有大量佛舍利。于是武则天把此地改为光宅坊，并建光宅寺。

长安三年（703），武则天八十寿辰之际，建七宝台，并改光宅寺为七宝台寺。

七宝台，实际就是七宝舍利塔，五层方形土木石结构，塔身镶嵌 32 块佛教题材的浮雕，目的是歌颂与祈福，质地分别为青石、石灰石、白大理石和黄花石，平均高度为 1.05 米，推测石塔的高度为 6~7 米。塔基为长安地区武周时期流行的八面柱体，塔基上莲台承托塔身。

这 32 块浮雕，大致分为两个时期：一是始建期，七宝台开始创建的

宝庆寺东北壁冯凤翼等造三尊像

时期，长安三年（703）至长安四年（704），这一期的作品有 24 件，浮雕主题为祈福、往生和灭罪；二是修补期，开元十二年（724）左右，这一期的作品有 8 件，即三件弥勒三尊像、三件降魔印佛像三尊、两件戴冠佛像三尊。

宝庆寺的千年岁月

唐文宗大和、开成年间（827—840）宝庆寺塔落成不久，就到了晚唐时期，战乱频仍，战火不断。

唐天祐元年（904），叛将朱温拆除长安城的宫殿、官衙、民房，烧毁残余建筑。长安城变成一片瓦砾。

劫后余存的宝庆寺，在五代后期又遭兵燹，寺内所有殿宇被毁，只留

宝庆寺东壁第 1 石

宝庆寺西壁

下花塔，在漫长岁月里默默经受风霜雨雪。

明景泰二年（1451），于南门内书院门街重修宝庆寺和花塔。此时，光宅寺七宝台已经不存，仅遗存七宝台上镶嵌的 32 面造像龛，便一并移入了宝庆寺内供奉。虽然规模比原先要小，但也是香火极盛的宝刹。

宝庆寺西壁第 1 石

宝庆寺西壁第 2 石

宝庆寺西壁第 5 石右菩萨像

宝庆寺西壁第 5 石左菩萨像

万历年间（1573—1620），学者冯从吾曾在此讲学，盛况空前。

清雍正元年（1723），住僧文天重修寺阁，将部分造像龛嵌入佛殿内壁以及砖塔外壁保存。其中华塔第二、四层的每面，以及第七层的正东面，皆嵌有造像，共 13 面。其余石刻，仍然散置于后殿。

宝庆寺造像龛

宝庆寺花塔高 23 米、底边长 2.68 米，是六角七层楼阁式砖塔。坐北朝南，分台基、塔身、塔刹三大部分，塔顶平砖攒尖，置宝瓶式塔刹。塔门朝南，圆形井壁，上小下宽，形状近似火焰，正面额上刻有“古塔重兴”四字，东西两面均刻有“阿弥陀佛”四字。塔身层间叠涩出檐，一、二层檐下施砖雕斗拱，一层檐下装饰有二龙戏珠、凤戏牡丹、瑞鹤祥云、缠枝牡丹等砖雕图案和一斗三升斗拱；二、三层的六个面，六层正东面砖龛内，龛内嵌有北朝和隋唐石刻造像 13 块，佛像精美，宝相庄严。塔东侧有明景泰二年（1451）重修碑石一通。

这批精美造像，现存世共计 32 面，合称“宝庆寺造像龛”，梁思成曾赞誉为“初唐中国雕刻代表作品”。

晚清之后的宝庆寺花塔

清末民初年间，寺院建筑先是改为小学堂，后又被毁。宝庆寺花塔虽然存世，但也遭受浩劫。

1893 年，日本东京美术学校校长冈仓天心，伙同助手早崎梗吉，通过各种游说、捐资、怂恿等手段，将宝庆寺塔及佛殿内壁上镶嵌的石刻造像陆续盗购后，运往海外。

最终，有 25 块石刻流散到世界各地，现分藏于日本和美国的多家博物馆，其中 21 块在日本，4 块在美国。目前仅有 7 块留存在中国，其中宝庆寺塔上镶嵌有 6 块，碑林博物馆收藏 1 块。

1957 年，陕西省人民政府将其列为陕西省文物保护单位。

值得庆幸的是，宝庆寺塔塔身依然完好，砖塔二层六面龛中镶嵌的浮雕石佛像也保存完好。

宝庆寺塔，承载大唐光耀，穿越千年历史，见证岁月沧桑，历经各种磨难，却依然华美从容。

福州乌石山石塔

闽都古城的佛光胜境

161

乌石山石塔远景

福州，历史文化名城，因五代至宋代以来不断扩城，于山、乌山、屏山围于城内，故别名“三山”。山在城中，城在山中。三山风景秀丽，其中最具有历史文化韵味的就是乌山。

崇妙保聖堅牢之塔

乌石山石塔塔名拓本

福州，不仅三山鼎足，而且二塔对峙。福州标志性建筑双塔，是指于山的白塔和乌石山的乌塔。白塔在东，乌塔在西，两塔遥遥相对，黑白对峙，相互守望，完美展现福州古城的风貌。

乌山海拔 85 米，面积 25 公顷，山石挺拔多姿，千岩竞秀。全山遍布从唐代延续到清代的摩崖题刻，多达 200 多段，如被誉为“天下四绝”之一的唐代李阳冰的般若台铭、唐代摩崖造像等。宋代，曾巩撰写《道山亭记》，详细描写了当地山川形胜。清末，乌石山积翠寺和弥陀寺，先后发生当地群众反抗英国传教士擅自建造教会学校的“乌石山教案”。

乌塔位于福州市内乌石山东麓，与于山白塔遥遥相对，是现存最早的大型石构仿木建筑。

乌石山石塔全景

净光塔与坚牢塔

唐贞元十五年（799），观察使柳冕为庆贺德宗寿诞，在乌石山东麓建石塔寺（亦名“净光寺”），寺内兴建贞元无垢净光塔，简称“净光塔”。唐乾符六年（879），净光塔毁于战乱，不过，塔铭龟趺留存至今。

乌石山石塔第 1 层金轮王佛

五代后晋天福六年（941），即闽永隆三年，闽王王审知第七子王延曦称帝，为自身和眷属以及臣下祈福，在净光塔旧址上重建九层宝塔，名“崇妙保圣坚牢塔”。天福九年（944），刚建到七层的时候，王延曦被臣属所杀，因此塔为八角七层，通高 35 米。

乌石山石塔第 1 层隅柱四天王之一

塔用花岗石砌建，风化后呈黑色，故俗称“乌塔”。每层塔壁均有浮雕佛像，共有 46 尊。4 层、5 层、7 层，嵌有塔名碑、建塔塔记和祈福题名碑等。亭内《贞元无垢净光塔铭碑》，是全国现存最早碑刻之一。石塔建造年久，历朝历代多有修缮。清顺治六年（1649）大修。道光十八年（1838），塔石因风飞坠，再次大修。

乌塔是八角七层楼阁式石塔，塔内层层有石阶通道连接层廊，层层串连至顶。塔基没入土中，被泥土覆盖，推测为单层覆莲须弥座。塔门向东，中砌石级塔道。转角设倚柱，每层叠涩出檐，出檐较大，层层收分。每层

乌石山石塔第 2 层弥勒佛

乌石山石塔第 3 层无量寿佛

塔壁各设一供佛石龛，龛中嵌镶黑色页岩浮雕佛像，共 46 尊。每层供奉一佛，自下而上：金轮王佛、弥勒佛、无量寿佛、多宝佛、药师琉璃光佛、龙自在王佛、释迦牟尼佛。各佛坐相、手势与法器各异。

塔顶为八面坡，覆钵结顶，上置顶刹，由圆球、宝塔、露盘、铁葫芦构成。露盘八方各垂铁链，连接塔顶八角脊端。

第 1 层，明代天启元年（1621）重修，石柱材质与其他各层不同。塔身八角各立一尊石刻金刚，戴盔披甲，各执法器，如剑、牙铲、宝珠、铃铎、琵琶、伞等。

2~7 层，均两面对称设门，余面设长方形佛龛，高 0.9 米，宽 0.5 米，深 0.2 米。龛下为须弥座，内镶黑色页岩高浮雕佛像一尊。佛肩左右上方分别刻佛名、捐资祈福者题名。

第 4 层东面塔壁，嵌有塔名碑“崇妙保圣坚牢之塔”，楷体、分双行、直下。碑质为黑色页岩，全高 1.73 米，宽 0.92 米。

第 5 层南面塔壁，嵌有塔记。篆额为“崇妙保圣坚牢塔”，碑文楷书，21 行，行 27 字。碑质黑色页岩，高 1.37 米。塔记由林同颖撰文，僧人无逸书写。

乌石山石塔第 4 层多宝佛

乌石山石塔第 5 层药师琉璃光佛

乌石山石塔第 6 层龙自在王佛

乌石山石塔第 7 层释迦牟尼佛

贞元无垢净光塔铭碑

石塔之下，唐代的贞元无垢净光塔铭碑，经历了风雨侵蚀，虽然基本完好，但字迹已模糊。近年新建了碑亭加以保护。

铭文于唐贞元十五年（799）由庾承宣所撰。据铭文记载："报君莫大于崇福，崇福莫大于树善，树善莫大于佛教，教之本其在浮图。"

唐代柳冕所建的净光塔，与五代王延曦所建的坚牢塔，是什么关系？目前没有争议的情况是：王延曦所建的是石塔。

根据文献记载推测，有两种可能。

第一种可能，唐代柳冕所建的净光塔是石塔，王延曦重修了唐塔。

第二种可能，唐代柳冕所建的净光塔是木塔，王延曦新建了坚牢塔。

也就是说，王延曦到底是重修，还是新建了坚牢塔。这个问题，还是留给未来的历史学家和考古学家去考证。

千年乌塔，依然巍然耸立于空中，俯瞰着福州城。

乌石山无垢净光塔铭碑

屹立千年的乌石山石塔

乌石山石塔，吸引了历朝历代文人墨客的眼光，在此留下了很多著名的诗篇。

元代诗人和画家萨都剌，写下《石上晚酌天章台》:“晚凉上乌石，置酒天章台。夕日下山去，海风吹月来。豪气吐千丈，朗吟动三台。白露洒仙掌，银河泻金杯。准识芙蓉仙，飞身在蓬莱。”

明代官员龙国禄，写下《秋日登乌石山宿绝尘禅房与海澄诸子言别》:“半壁清虚证果因，白云深处自无尘。尤怜聚散孤峰外，鹤影黄花处处新。”

清代学者黄爔，写下《辛卯正月四日大雪与蒹秋同咏》:“阶前青草点白玉，帘外飞花扑红烛。夜窗琴书了可数，晓起惟有竹尚绿。招朋沽酒看遥山，蜡屐僵顽不着足。万灶无烟鸟不啼，一树梅花伴芳躅。世间龌龊顿消除，独有娟洁在心曲。与君祷祀古佛前，山房三日见朝旭。”

清代官员林材，写下《题第一山》:“鳞次台高势接天，百年乔木护云烟。休嗟陵谷湮池馆，且喜蓬壶近市廛。花鸟结成风月友，诗书留作子孙田。闲来徙倚层峦上，不尽岚光入翠巅。”

清代藏书家、水利学家郭柏苍写下《登净光塔》:“终朝删恶木，不觉入孤危。野屋炊烟重，秋山落影迟。君臣空佞佛，功德胜完碑。怀古无穷意，翛然但有诗。”

1957 年，因塔身倾斜，逐层用钢筋加固，石缝以水泥浆灌注加固。

1961 年，将其列为福建省级文物保护单位。

1978 年，再次维修，在塔周围设置保护石栏。

2001 年，列为第五批全国重点文物保护单位。

五台山佛光寺

重现千年佛光

169

五台山佛光寺全景

山西五台山，2009 年被联合国教科文组织列入《世界遗产名录》。佛光寺，是第一批全国重点文物保护单位之一，位于五台县县城东北 30 千米。

五台山，因五峰耸立，峰顶平坦如台而得名。五座山峰，分别为东台望海峰、南台锦绣峰、中台翠岩峰、西台挂月峰和北台叶斗峰。五座山峰所包围的地区，称“台内”，之外的称“台外”。

佛光寺坐落在南台外豆村附近，佛光山的山腰，属于台外，其建筑、塑像、壁画和墨迹，历史价值和艺术价值都很高，被誉为“四绝”。佛光寺建于唐大中十一年（857），在现存木结构建筑中规模最大，保存最完整，存世时间排名第三。建筑年代排名第一的是建于唐建中三年（782）的五台县南禅寺，排名第二建于唐大和五年（831）的芮城县广仁王庙（为道教建筑），排名第四的是长治市平顺县天台庵，建于唐天祐四年（907），属于典型的晚唐风格。作为现存唐代木构建筑的范例，佛光寺在中国建筑史上占有重要地位。

以上四座唐代木构建筑都在山西，印证了人们常说的“地下文物看陕西，地上文物看山西”。这些珍贵的古建筑之所以历经千年屹立不倒，保存至今，主要是三个原因：一是当地民众自古敬畏神灵，人为毁坏因素少；二是地处偏僻，避免了战乱；三是气候干燥，有利于木质结构保存。

佛光寺之美

佛光寺，全称佛光真容禅寺，隐藏在连绵山岳之中，东、南、北三面环山，形成特殊的小气候，常年雾气蒸腾，祥云缭绕，如同佛光普照，故而得名。寺院位置隐蔽，坐落在人工开辟的山间台地上，地基牢靠，三层院落由西向东依山势渐次而上，寓意步步高升。佛光寺始建于北魏孝文帝时期（471—499），隋代解脱禅师曾主持修整；隋唐时期，已经是远近闻名的名刹，在敦煌壁画上的五台山图中居于显要位置。天台宗高僧法兴在此弘扬天台奥旨，整顿庄严道场，兴建了高九十五尺，三层七间的弥勒大阁。法兴于大和二年（828）圆寂后，天台宗高僧行严担任了佛光寺僧正，他融合儒释，受到王公大臣和四众弟子的景仰。行严于大中三年（849）圆寂后，弟子愿诚继承法业。

唐会昌五年（845）灭法，僧人遣散，寺院被毁，仅存几座墓塔。

愿诚和尚被迫还俗，但仍持度世之心。次年，宣宗复法，愿诚发愿重振道场，于是四处奔走筹办，主持重建。大中十一年（857）京都女施主宁公遇出资，在原弥勒大阁的废墟上，重建了东大殿，包括殿内彩塑、壁画等。

金代，前院两侧建文殊殿和普贤殿；元代，修补东大殿殿顶并添配脊兽；明清两代，重建天王殿、伽兰殿、香风花雨楼、关帝殿、万善堂等；清末，普贤殿焚毁；民国初年，添建窑洞和南北厢房。

唐代慧祥的《古清凉传》、北宋延一的《广清凉传》，都记述了佛光寺。

寺院坐东朝西，最上层的东大殿为正殿。东大殿，殿堂式结构，顶部为单檐庑殿式，面阔七间，进深四间，长 34 米，宽 17.66 米，高 14 米。

东大殿是典型的唐代建筑，其特点是，斗拱用材最大，屋檐出檐最宽。建筑学家梁思成称“斗拱雄大，出檐深远”。经测量，斗拱断面尺寸为 2.1×3 米，殿檐探出达 3.96 米，是尖锐的批竹昂造型，气象宏大，这在后世的

五台山佛光寺东大殿三尊

木结构建筑中绝无仅有。柱身粗壮、斗拱宏大，出檐深远，整体感觉雄健有力，被梁思成誉为“中国第一国宝”。木质殿堂穿越千年，庄严如初，俯视一切，其巍峨雄伟的身姿，仿佛在诉说大唐王朝的显赫与荣耀。

屋顶平缓，铺有青瓦，每块长 50 厘米、宽 30 厘米、厚 2 厘米多。脊瓦条垒砌，殿顶琉璃鸱吻是黄、绿色琉璃，色泽鲜艳，虽是元代补配，但沿用唐代形制，造型生动。

大殿外表朴素，只有土朱、黄丹、白粉三种颜色。墙壁门窗，土朱涂刷。

殿内，顶部天花板都作极小的方格，上有平闇彩画。梁的花纹是铺地卷成，看上去是翻转的花叶。

东大殿内的佛坛上有唐代彩塑 35 尊，一字排开，保存完好。其中，供奉三尊主像释迦牟尼佛、弥勒佛、阿弥陀佛，面颊丰满，眉毛弯弧，具有显著的唐代风格，被日本学者关野贞和常盘大定称为“五台山中唯一的杰作”。其余胁侍菩萨、弟子、金刚等塑像也体态丰满，栩栩如生，各有风采。

五台山佛光寺东大殿三尊中央释迦牟尼佛

五台山佛光寺东大殿三尊西方阿弥陀佛

殿内有两尊特别的塑像，一尊是建殿施主宁公遇，另一尊是建殿主持者愿诚和尚，这两尊塑像虽小，但形态生动写实。尤其是宁公遇的塑像，身着便装，谦恭地坐在佛坛左侧一角。大殿两侧和后部，有明代塑造的罗汉像，原为 500 尊，现存 296 尊。

东大殿的墙壁上，有唐代壁画，内容是佛说法图，人物上千，笔触细腻，生动传神，体现了唐画的风韵。

大殿的左右四根梁下，有唐人留下的题记："敕河东节度观察处置等使""检校工部尚书兼御史大夫郑""功德主敕河东监军使元""功德主故右军中尉王""佛殿主上都送供女弟子宁公遇"等，字迹可辨。

殿前，两棵油松相伴耸立千年。位于东大殿南侧的北魏时期的祖师塔，是典型的北朝风格，也屹立至今。

五台山佛光寺殿庭陀罗尼幢

东大殿当心间，有石经幢，上有"佛殿主女弟子宁公遇"字样，与大殿梁架上的题记相互印证。

佛光寺的"重新发现"

佛光寺大殿，有一个"重新发现"的故事。

20 世纪初，有日本建筑史学者伊东忠太、关野贞等在考察了中国古建筑之后，匆忙下了论断，认为中国境内已经没有唐代及以前的木构建筑存世。关野贞在 1929 年万国工业会议提交的论文中称："中国全境内木质遗物的存在，缺乏得令人失望。实际说来，中国和朝鲜一千岁的木料建造物，一个亦没有。而日本却有三十多所一千至一千三百年的建筑物。"

关野贞有关中国古建筑的论考，汇编为《中国的建筑与艺术》，1938

年由岩波书店出版。该书第 22 章《中国文化遗迹及其保护》中说："日本千年以上木构建筑尚有三四十栋，五百年以上者有三四百栋，而如中国之大，据余调查千年以上建筑无一遗存，五百年以上者亦残留极少。余所见最古老之木构建筑系河南省登封少林寺初祖庵，为宋宣和七年（1125）重建。"

1930 年 2 月，中国营造学社正式创立，朱启钤任社长，梁思成担任法式组主任，刘敦桢担任文献组主任，致力于古代建筑的调查、测绘和研究，以及文献资料搜集、整理和研究，编辑出版《中国营造学社汇刊》。1930 年至 1945 年，中国营造学社每年都派出两三个工作组到各地进行调查研究，对 220 个县 2 738 处古建筑进行了调查，包括唐、宋、辽、金的木构殿、堂、楼、塔等近 40 座，砖塔数十座。

梁思成是在北京图书馆内专设的营造学社研究室里面，看到法国汉学家伯希和于 1920 年出版的《敦煌图录》里面的照片。其中敦煌第 61 窟壁画是一幅唐朝人绘制的完整清晰的五台山寺院图，"大佛光之寺"吸引了他的目光。

1937 年 6 月 26 日，梁思成、林徽因、莫宗江、纪玉堂坚持不懈，克服异常的艰辛，来到崇山峻岭中的佛光寺。

梁思成说："瞻仰大殿，咨嗟惊喜……早晚攀登工作，或爬入顶内，与蝙蝠臭虫为伍，或爬到殿中构架上，俯仰细量，探索唯恐不周。"细致考察到第三天，他们在殿内搭起了架子，拭去大殿木梁上的千年尘封，终于找到唐代墨书，与殿外的石经幢相互印证，确凿无疑地证实佛光寺是唐代木建筑。中国有唐代木构建筑，从而打破了日本学者的论断。梁思成手绘佛光寺东大殿纵断面与正立面图，激动地把佛光寺大殿称为"中国第一国宝"。

看到宁公遇的塑像时，林徽因曾说，当时恨不能也为自己塑一尊像，让"女弟子"林徽因永远陪伴这位虔诚的唐朝妇女，在肃穆中再盘腿坐上一千年。

考察队一行人在佛光寺考察了一个星期，他们用坚韧不拔的学术研究精神，逐渐破解了中国古建筑结构的奥秘。

可惜，接下去就是烽烟战火。梁思成等人辗转到达四川宜宾的一个偏僻古镇李庄，在极端艰难困苦的条件下，写出论文《记五台山佛光寺的建筑》，于 1944 年和 1945 年分两次发表在《中国营造学社汇刊》，轰动了中外建筑学界。

美国中国学家费正清的夫人费慰梅，是梁思成与林徽因的好友，她在《梁思成与林徽因》一书中说："美国的读者看了这本书后，给我写信，说这本书带他们走进一个从来就不知道的中国，但这个故事的发展又使他们对于梁思成和林徽因的理想和毅力十分感动，甚至有的朋友感动得流泪。这两位非凡的人物，他们生活在一个剧变的时代中，历尽磨难，处处受到生存的威胁，但仍能坚持下去，为中国建筑研究作出伟大的贡献，这是一件了不起的事。"

佛光寺其他文物

佛光寺门内北侧文殊殿，建于金天会十五年（1137），为五台山尚存的唯一金代建筑，殿内有明代佛像和罗汉壁画。寺内其他古代建筑均为明清时期所建。此外，寺外东山坡上存有三座单层砖砌唐代墓塔，现已残损。

佛光寺在文物保护中的地位

1961 年，五台山佛光寺被国务院列入第一批全国重点文物保护单位。

2009 年，五台山佛光寺作为五台山的一部分被联合国教科文组织以文化景观的名义列入《世界遗产名录》。世界遗产委员会对五台山的评价为：五台山位于山西省忻州市，是中国四大佛教名山之首，以浓郁的佛教文化闻名海内外。五台山保存有东亚乃至世界现存最庞大的佛教古建筑群，享有"佛国"盛誉，五台山由五座台顶组成，珠联璧合地将自然地貌和佛教文化融为一体，典型地将对佛的崇信凝结在对自然山体的崇拜之中，完美体现了中国"天人合一"的哲学思想，成为持续 1600 余年的佛教文殊信仰中心——一种独特而富有生命力的组合型文化景观。

闽侯崇圣寺

闽越神秀本尊佛

雪峰山位于闽侯县大湖雪峰山麓，距福州市 60 多千米，原名象骨峰，因山顶暑月仍有积雪，五代时闽王王审知改名雪峰。山势峭拔，风景绮丽，顶峰海拔 800 米，素有“闽越神秀”“琼瑶第一峰”之称。

崇圣寺

崇圣寺，又名崇圣禅寺，全名雪峰崇圣禅寺，坐落在福建省福州市闽侯县境内的雪峰南麓，创建于唐咸通十一年（870），开山祖师是唐代高僧义存禅师（822—908）。现存殿宇多为光绪年间重修。崇圣寺是禅宗云门宗和法眼宗的发源地，为江南五山十刹之一，有“江南第一丛林”之称。

崇圣寺及周围，原有 24 景，曾有诗总结为：

雪峰（山）宝所（亭）近兰田（庄），
枯木（庵）三毯（堂）一洞天（岩）。
半岭（亭）化城（亭）无字石（碑），
万松（关）雪峤（路）有龙眠（坊）。
文殊（台）古镜（台）金鳌桥（桥），
罗汉（岩）梯云（岭）象骨巅（峰）。
香石（磨）放生（池）池蘸月（池），
望州（亭）卓锡（泉）应潮泉（泉）。

唐咸通十一年（870），祖师义存禅师到雪峰，在当地乡绅士兰文卿支持下，在大枯树下结庵修行，此庵称“枯木庵”。

唐僖宗于乾符二年（875）赐匾额“应天雪峰禅院”。闽王王审知仰慕义存之风，倾财营造伽蓝，地方豪族纷纷效仿。所建寺院初称应天广福禅院，或称应天雪峰禅院。据《宋高僧传》与《景德传灯录》等史料记载：“里人兰文卿舍田七千余亩，屋五百间，诸物充足，遂为南方丛林第一。”义存禅师和寺院名播四方，僧人云集。中和元年（881），达到鼎盛时期，当时的雪峰寺有三座大雄宝殿、三座禅堂以及七座斋堂，僧众满堂，有 1 500 名

崇圣寺全景

崇圣寺大雄宝殿

弟子在此修行。其中文偃（？—949）后在韶州云门山创立了禅宗新派别云门宗，师备（837—908）到福州玄沙院创立禅宗新派别法眼宗。禅门五宗（沩仰、临济、曹洞、法眼、云门），一花五叶，崇圣寺是其中两宗（云门宗、法眼宗）的发源地。

光化三年（900），改名为应天广福寺。

利人天

北宋太平兴国三年（978），朝廷赐寺名为“雪峰崇圣禅寺”，一直沿用至今。南宋宁宗时（1195—1224），禅院的等级分为五山十刹，十刹是杭州中天竺永祚寺、湖州万寿寺、江宁灵谷寺、苏州报恩光孝寺、奉化雪窦资圣寺、温州龙翔寺、福州崇圣寺、金华宝林寺、苏州云岩寺、天台国清寺。南宋名臣李纲来此游览后，留下《温泉二绝》，其一：“温冷泉源各自流，天教施浴雪峰陬。众生尘垢何时尽，汩汩人间几度秋。”其二：“玉池金屋浴兰芳，千古华清第一汤。何似此泉浇疾病，不妨更入荔枝乡。”

崇圣寺大殿坐佛

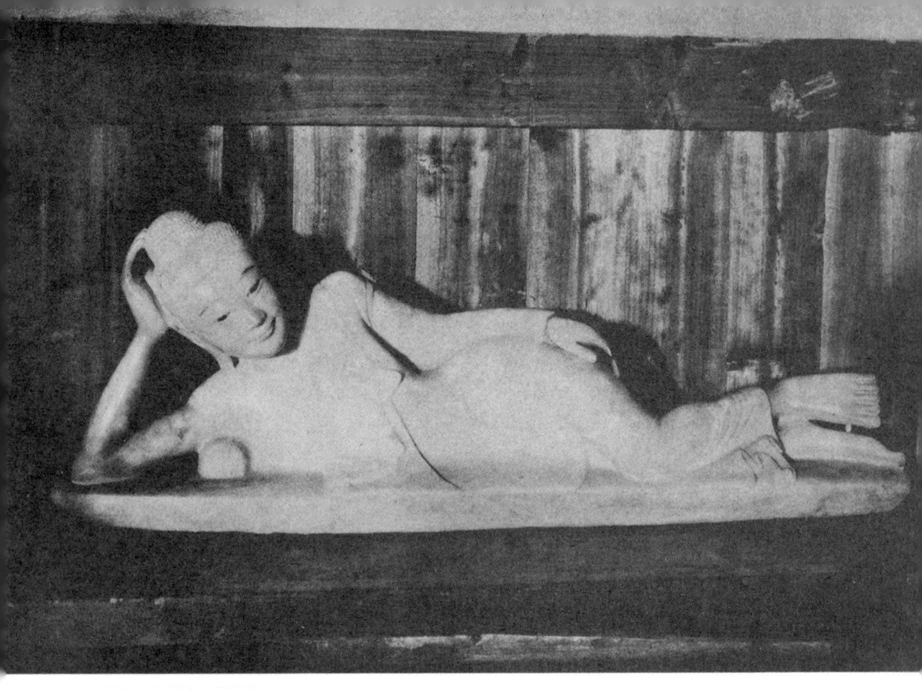

崇圣寺大殿白石涅槃像

明永乐二年(1404),崇圣寺住持法庵主持重兴。明代宣德年间(1426—1435)再次重修。

清光绪年间，崇圣寺住持达本禅师与助手胜智超禅师，亲赴东南亚各国募资,于光绪十三年(1887)主持重兴,并接受缅甸国王捐赠的 4 尊玉佛。玉佛是由上等的缅甸玉雕刻成的释迦牟尼佛像，雕工精细，神态自然。其中一尊为通体莹白的卧佛，长 1.3 米、高约 0.7 米。其余三尊为坐佛。

清末，雪峰寺与怡山长清寺、鼓山涌泉寺、瑞峰林阳寺及象峰崇福寺，并称福州的“五大丛林”。

义存墓塔与海会塔

义存的墓塔位于寺院背后右方的山丘之上。义存祖师塔,又称难提塔,两层石塔，是义存的肉身石塔，建于唐天祐四年（907)，塔身呈长覆钵形，上有石卵二百余粒，有“卵石爆花”的传说。塔座八角形，底边 2.9 米，通高 4.1 米。塔下地宫内有铭与序，计 225 字，系义存生前自撰《难堤塔

崇圣寺禅堂白石坐像

崇圣寺留公堂门

崇圣寺义存大师墓塔

崇圣寺海会塔

铭并序》和闽国御史黄滔所撰《福州雪峰山故真觉大师碑铭》、王审知署名的刻石。大师临终前一年，自画塔样，王审知为其建塔。

海会塔位于义存塔附近的高处。同样呈长覆钵形，砖筑。

崇圣寺枯木庵

枯木庵

雪峰寺寺域中有枯木庵，在寺东南方数百米，建于唐咸通十一年（870年），相传是开山祖师义存入山时的栖息之处。

庵内有一枯木，树龄3 000余年，目前仅存本干，高3.23米，周围7.13米。枯木南向开一门洞，高2.05米，宽0.9厘米，半圆形门额。树腹中空，可容纳10余人。

枯木的正面穿洞形成一龛，龛内安放有义存的真身像，原像已毁，现在的像为新塑。

龛内还有树壁刻文“维唐天祐乙丑岁造菴子及作水池，约五千余功，时廉主王大王”，用笔挺拔遒劲。这个“树腹碑”，是福建雕刻的三大奇物之一。枯木内外还有唐、宋、元、明的名人题刻20多处。

崇圣寺枯木庵义存大师像

崇圣寺枯木庵刻文拓本

崇圣寺近百年来的历史

1928 年，住持圆瑛法师加以修葺。

抗日战争时期，大雄宝殿毁于日军炮火，天王殿也被台风所毁。其后，寺庙基本荒废。

1979 年起，重建天王殿、大雄宝殿，修复山门、法堂、斋堂、鼓楼、钟楼等。尤其是 1984 年广霖法师接任住持后，一方面致力恢复千年古刹的建设；另一方面带领住众开山造林，种植毛竹、梅花、牡丹。千年崇圣寺展现了新的姿态。

千年来，雪峰寺五十年一小修，一百年一大修，寺庙与佛像至今基本保存完好。

如今，雪峰寺建筑面积 20 万平方米。现有主体建筑：大雄宝殿、天王殿、禅堂、法堂、祖师纪念堂、凯渺塔院、云水堂、韦驮殿、枯木庵、尊客堂、斋堂、方丈楼、钟鼓楼、内外山门等。

1983 年，崇圣寺被列为汉族地区佛教全国重点寺院。

杭州烟霞洞佛像

十八罗汉的诞生地

2006 年，西湖南山石窟造像群被列为第六批全国重点文物保护单位。西湖南山石窟造像群，是由烟霞洞、玉皇山慈云岭造像、天龙寺造像、飞来峰造像等共同组成。其实早在 1961 年，烟霞洞就已成为浙江省文物保护单位。

烟霞洞

杭州烟霞洞，坐落于浙江杭州南高峰翁家岭南部山腰，翁家山村东侧。周边环境幽静、古朴、清雅，洞内壁上有精美的石佛造像。

烟霞洞是一个天然溶蚀而成的石灰岩溶洞，与石屋洞、水乐洞等并称“烟霞三洞”。

烟霞洞的得名，有两个说法：一个是因为植物茂密，洞口常有云霞，云蒸霞蔚，美丽无比；另一个是因为洞壁顶部密布的钟乳石，在阳光照射下五光十色，宛如烟霞。

烟霞洞前左侧原有烟霞寺，又名清修寺。据《咸淳临安志》卷七十八载：五代广顺三年（953），吴越王建烟霞寺；宋治平二年（1065），改名为“清修寺”；明万历二十七年（1599），司礼监孙隆重建清修寺。可惜，这座寺庙已经在 20 世纪走进历史，淡出人们的视线。

烟霞洞石窟开凿时间，大致是五代后晋天福元年（936）至开运四年（947）。出资方面，是募众缘而成：一部分是吴越皇族出资；一部分是外戚吴延爽率达官贵人及眷属等集体捐资。

烟霞洞坐北朝南，深度近 30 米，与北方人工开凿的石窟寺相比，没有严格的主后室形制。溶洞洞口朝南，外大里小，大致呈牛角状。靠近洞口的部分，长约 20 多米，宽和高各 4~5 米;“牛角”尖端部分，长约 5 米，宽 1~2 米，高 2~3 米。

洞内造像

洞内造像，利用内部凹凸不平的东西两侧岩壁应势凿置，整体风格细

烟霞洞外景

致华美，同时又和谐自然。洞内原有五代吴越国时的石雕十八罗汉，各具性格，生动写实。现存罗汉总共 15 尊，其中 11 尊为保存较为完整的五代原像，4 尊为 1979 年新塑。

洞的最外部，刻有迦叶、阿难像，左右相对。在里面，两侧刻有相对的观音和大势至菩萨，凿于北宋时期。东壁观音菩萨左手执宝瓶，右手持

烟霞洞观音菩萨

烟霞洞大势至菩萨

烟霞洞洞内八角石塔

杨柳。西壁大势至菩萨面相庄严，宝冠之上有化佛，两手交叉，右手执念珠。观音与大势至菩萨像，体态柔美，容相娴静，造型生动，自然流畅，浓缩了宋代石刻造像的精华。

这尊大势至菩萨像，看上去很像常规的白衣观音像，所以有学者认为两个菩萨像都是观音。不过，因为此处布局上是相对而立，多数学者认为是观音和势至。这是一个至今有争议的话题。

再往里，大势至菩萨像北侧，原有岩石开凿而成的八角七层塔，露出来的各七层的三面中，正面上部五层之上刻有三尊、五尊或七尊，其他两面六层以及塔身左右的岩壁上刻着千体官人，因此俗称“千官塔”。可惜，千官塔现已不存。

再往里，就是罗汉像、释迦坐像、孔雀明王像、弥勒佛像，以及众多小佛像。其中，东壁原雕有禅定罗汉及其右下方侍者和左上方天人、心中现佛罗汉、撑地罗汉、降龙罗汉、执如意罗汉、手指佛罗汉、思维罗汉及供养僧、侧面罗汉、抱膝罗汉、冥想罗汉；西壁原雕有弥勒、笑狮罗汉、执麈尾罗汉、执笔罗汉、伏虎罗汉、执念珠罗汉、五代孔雀明王、披衣坐像、执经卷罗汉。

烟霞洞迦叶

烟霞洞阿难

烟霞洞罗汉和侍者

烟霞洞侍者

此外，还有龙形浮雕、大型花树浮雕、腾云人物浮雕、法船浮雕、云纹浮雕等精美石刻，但后世破坏严重。洞内有北宋至清代的摩崖题记和碑碣多处，但由于自然与人为因素，现在大多漫漶不清。

宋代、清末，曾续修烟霞寺和烟霞洞。

烟霞洞罗汉（十八罗汉之部分）

烟霞洞近百年来的沧桑

晚清官员、诗人陈曾寿曾留下《九日同龙山居士觚庵九兄四弟五弟七弟儿子邦荣邦直烟霞洞登高（其四）》:“诸天龙象表嶙峋，洞口苏龛寂寞身。绝代嵚嵚郑重九，不应来作扫花人。”

1924 年，学者胡适曾经在烟霞洞清修寺住了三个多月，写下《烟霞洞》一诗 :“我来正值黄梅雨，日日楼头看山雾。才看遮尽玉皇山，回头又失楼前树。”

岁月沧桑。如今，洞内不少雕像已被毁坏，甚至只剩空龛。其中，迦叶、阿难、撑地罗汉、西壁弥勒、笑狮罗汉在 20 世纪 60 年代被毁，1979 年用水泥新塑。

烟霞洞的十八罗汉

佛经中，只有十六罗汉，没有十八罗汉的说法。

现存汉译佛经中最早提出十六罗汉具体名号的是大唐三藏法师玄奘所

译的《大阿罗汉难提蜜多罗所说法住记》(简称《法住记》)。《法住记》译出之后，十六罗汉广受信仰与称颂，也丰富了佛教艺术的题材和内容。到了宋代，十八罗汉的说法已经流行，苏东坡在杭州的时候就曾为十八罗汉题写过名号。

那么，十六罗汉在何时演变为十八罗汉的？会不会在唐宋之间的五代时期？

烟霞洞内，原塑有十六罗汉还是十八罗汉？因为烟霞洞内罗汉像在后世损坏，这个问题在学术界争议了近百年。

2021 年，考古工作者在烟霞洞发现了一些残存的题记。这些题记，证明了烟霞洞罗汉造像确为五代吴越时期雕凿的十八尊罗汉造像组合，是十八罗汉最早造像实例，从而解决了佛教美术史上的关键问题，补全了佛教文化脉络拼图中的重要一环。

2021 年 6 月 17 日，在虎跑公园开幕的“塔窟东来——西湖南山佛教文化遗存图片展”上，钱江管理处首次发布了杭州烟霞洞吴越国十八罗汉造像题记新发现——8 处吴越时期造像题记。展览以塔窟为主题，共分“中国塔窟源流”“西湖南山塔窟”“吴越塔窟对后世的影响”“烟霞洞吴越国罗汉造像题记的新发现”四个部分。

《中华大藏经》五二册所载十六罗汉内容

佛薄伽梵般涅梁时，以无上法，付嘱十六大阿罗汉并眷属等，令其护持使不灭没，及救其身与诸施主，作真福田，令彼施者得大果报。时诸大众闻是语己，少解忧悲，复重请言：所说十六大阿罗汉，我辈不知其名何等。庆友答言：第一尊者名宾度罗跋啰惰阇，第二尊者名迦诺迦伐蹉，第三尊者名迦诺迦跋厘堕阇，第四尊者名苏频陀，第五尊者名诺距罗，第六尊者名跋陁罗，第七尊者名迦理迦，第八尊者名伐阇罗弗多罗，第九尊者名戍博迦，第十尊者名半讬迦，第十一尊者名哆怙罗，第十二尊者名那迦犀郍，第十三尊者名因揭陁，第十四尊者名伐那婆斯，第十五尊者名阿氏多，第十六尊者名注荼半讬迦。如是十六大阿罗汉，一切皆具三明、六通、八解脱等无量功德，离三界染，诵持三藏，博通外典。承佛敕故，以神通力延自寿量，乃至世尊正法应住常随护持，及与施主作真福田，令彼施者得大果报。

河北正定隆兴寺

京外名刹观音像

河北正定是国家级历史文化名城，曾有“九楼四塔八大寺，二十四座金牌坊”。隆兴寺位于河北省石家庄市正定县内东侧，气势宏伟，是目前时代较早、规模较大、保存完整的佛教寺院之一。

寺院占地 82 500 平方米，有大小殿阁十余座，分布在中轴线及其两侧，鳞次栉比，错落有致，气势恢宏，美轮美奂，是宋代佛寺的典型代表。寺内汇集着隋唐以来大量的雕塑、壁画、碑碣等艺术珍品，其中有不少是文物之最，比如中国现存古代建筑孤例摩尼殿，我国最古老最大的转轮藏，中国古代最精美的铜铸毗卢佛，中国现存最早的“第一隋碑”龙藏寺碑，世界上古代铜铸佛像中最高大的铜铸观音像，中国孤例五彩悬塑自在观音像，等等。

梁思成曾多次造访，后来在《中国建筑史》里论及北宋寺院时，这样

隆兴寺迦蓝配置图

1 天王殿
2 钟楼
3 鼓楼
4 大觉大师殿址
5、6、8 牌门
7 摩尼殿
9 戒坛
10 韦陀殿
11 比丘殿廊
12 慈氏阁
13 轮藏
14、15 牌楼
16、17 碑楼
18 禅堂
19 祖师堂
20 佛香阁
21 御书楼
22 集庆阁
23 元碑
24 宋碑
25 隋碑

评价："京外名刹，当首推正定府的龙兴寺。寺隋开皇创建，初为龙藏寺，宋开宝四年，于原有讲殿之后建大悲阁，内铸铜观音像，高与阁等。宋太祖曾幸之，像至今屹立，阁残破不堪修缮，其周围廊庑塑壁，虽仅余鳞爪，尚有可观者。寺中宋构如摩尼殿、慈氏阁、转轮藏等，亦幸存至今。"

隆兴寺，俗称"大佛寺"，始建于隋开皇六年（586），初名龙藏寺，唐改称龙兴寺，唐代自觉禅师曾造金铜观音巨像，但五代至后周因兵燹被毁。北宋开宝二年(969),宋太祖赵匡胤敕令重铸大悲菩萨金身,建大悲阁,扩建为规模宏大的寺院。金、元、明各代均进行过不同程度的修葺和增建。清康熙、乾隆年间，曾两次大规模重修。康熙四十九年（1710）赐额"隆兴寺"。康熙、雍正、乾隆、嘉庆、光绪、慈禧太后曾多次到此拈香礼佛。

隆兴寺坐北朝南，南北纵深。因在城内，没有山门，大门之外有一座巨大琉璃照壁，为清乾隆四十五年（1780）增建，壁心是二龙戏珠图案，由 36 块高浮雕琉璃砖拼砌而成的，画面生动。

向北过三路三孔石桥后，伽蓝前面首先是天王殿，五间二面单层建筑，内置四天王像。东西两侧分别是钟楼和鼓楼，相对而立。

再前行，是建于北宋元丰年间（1078—1085）大觉六师殿的遗址。大觉六师殿，原是寺内规模最大的一座殿，金、元、清各代都进行过重修。民国初年，因年久失修坍塌。今已不存，但从残存的台基，依然可以看出其当年宏大壮观的规模。

摩尼殿

过此前行，即至摩尼殿。"摩尼"是梵语，意为珠宝。传说摩尼珠投入浊水后，水即清。摩尼殿，寓意去浊取清、脱离尘垢、证得清静。

摩尼殿始建于北宋皇祐四年（1052），重檐歇山顶，覆绿琉璃瓦。面阔七间、进深六间。抬梁式木结构，斗拱木构气势恢弘，梁架结构均与北宋建筑家李诫编纂的《营造法式》相符。外墙砌到副阶檐下，另在副阶四面正中各加一座山面向外的歇山顶抱厦，因此平面呈十字形。中央大殿三面墙壁及整座殿四壁上，都绘有壁画。

隆兴寺摩尼殿前景

隆兴寺摩尼殿斗拱

抱厦

一种在原主体建筑外檐柱外再设立立柱，由外立柱与檐柱共同构成的房屋形式，一般凸出一间或三间。在原建筑前后立面和平山墙均可接建，在左右侧的称“挟屋”，在前后的称“对垒”，局部向前后凸出的称“龟头屋”。抱厦屋顶，可山面向前，也可正脊与主体建筑平行。兴于隋唐，盛于宋代，延续至今。可见于黄鹤楼、滕王阁等大型风景建筑，《红楼梦》中也有提及。

隆兴寺摩尼殿后壁观音像

梁思成第一次来到隆兴寺看到摩尼殿的建筑格局时，惊叹除北京故宫紫禁城角楼外，“只在宋画里见过”，后在著述和教学中将摩尼殿作为罕见案例。

佛坛上供奉五尊泥塑金装佛像，释迦牟尼及两弟子迦叶、阿难和两菩萨文殊、普贤，为宋代原塑。梁思成评价：“宋塑壁遗物以正定隆兴寺为重要。”

现存壁画中，东西扇面墙所绘“西方胜境”和“东方净琉璃世界”，构图宏伟，尤其精美。

本尊后壁有庄严宏大的泥塑五彩悬山，现存塑像共 30 余躯。正中的五彩观音菩萨像俗称“倒座观音”。这个造型，有多种传说，一种传说是因为观音菩萨有“众生普度不完，誓不回头”；另一传说是因为恨世人不肯回头，呼唤迷途之人。倒座观音像，面容恬静，姿态优雅。北宋塑成，明嘉靖四十二年（1563）修补。鲁迅先生称赞倒座观音像是“将神人格化”，誉为“东方美神”。北京鲁迅故居的书桌上，至今仍安放着这张倒座观音像的照片。

隆兴寺大殿戒坛本尊

戒坛

摩尼殿的后方是戒坛，初建于北宋，清初重建。亭台式建筑，三间见方，三重屋檐，四面庑廊环绕，戒坛堂即在中间石坛之上。坛内供明代铜铸双面佛像，阿弥陀佛与药师佛相背而坐，背身相连。戒坛是佛教僧徒受戒时举行宗教仪式的场所，隆兴寺戒坛与北京戒台寺、五台山清凉寺，构成了北方三大坛场。

隆兴寺转轮藏阁底层之转轮藏

转轮藏阁

出戒坛，两侧东西分列慈氏阁、转轮藏阁，二层楼阁式建筑，外观规模相近。上层附有裳层，下层正面有一间房檐，整体立于砖构坛基之上。慈氏阁内部，安置有弥勒立像。转轮藏阁，为安置楼阁下层的转轮藏，梁架结构和柱网布局都与一般楼阁不同。木制转轮藏直径 7 米，中有 10.8 米高的木轴，底部藏针，使得巨大书架能够转动。

隆兴寺大殿

隆兴寺大殿观音大像

隆兴寺大殿东壁塑像

大悲阁

主殿大悲阁，又称佛香阁、大佛殿。北宋开宝四年（971）兴工，开宝八年（975）落成，现存建筑为1999年重建。五间四面，周围东、西、北三面壁面上塑有文殊、普贤及其他眷属及众多小佛像，中央有石砌佛坛，上有中国古代最高大的铜铸观音像。

铜铸观音像，高21.3米，共42臂。北宋时期铸造这尊观音像的方法，见于清人王昶《金石萃编》所载，宋乾德元年（963）之《正定府龙兴寺铸铜像记》：

隆兴寺大殿东壁塑像普贤菩萨和眷属

至开宝四年七月二十日，下手修铸大悲菩萨。诸节度、军州差取到下军三千人工役，于阁下基北坼却九间讲堂，掘地创基，至于黄泉。用一重礓砾，一重土石，一重石炭，一重土，至于地平，留六尺深海子，自方四十尺，海子内栽七条熟铁柱，每一条铁柱七条铁筒合就，上面用铁蛇，七条铁柱皆如此，海子内生铁铸满六尺，用大木于铁柱，于胎上塑立大悲菩萨形像。先塑莲花台，上面安脚足，至头顶举高七十三尺，四十二臂，宝相穹窿，瞻之弥高，仰之益躬，三度画相仪，进呈方得圆满。第一度先铸莲台座，第二度铸至脚膝已下，第三度至脐轮，第四度铸至胸臆已下，

隆兴寺大殿东壁塑像普贤菩萨眷属

第五度至腋已下，第六度至肩膊，第七度铸至头顶，上下七节铸就。所有四十二臂，并是铸铜筒子，用雕木为手。上面用布裹一重漆、一重布，方始用金箔贴成。相仪千手千眼，具足四十二臂，周圆相好，端严威容，自在寻声救苦，众生以三业归依，菩萨以六通垂济。

据说每只手眼都各有 25 种法力，40 只手眼便成了千手千眼，因此这尊铜铸观音像被称为“千手千眼观音”。岁月沧桑，到清乾隆年间修建时，仅余 36 条手臂。民国时期，重装 40 条手木质手臂。现存观音像的身体

隆兴寺大殿观音菩萨塑像

部分和当胸合十的两条手臂是宋代铜铸，其余两侧 40 只为木质。

在《佛像的历史》一书中，梁思成这样描述："隆兴寺本尊为观音铜像，为开宝间物。《金石萃编》载高七十三尺，四十二臂，宝相穹窿，瞻之弥高，仰之益躬……实高不过五十尺以下。为我国现存最大铜像。面相虽善，然衣褶线路颇不调和，殆宋物而后世大加修改者也。……壁分三区，第一区为普贤菩萨骑象，多数天部眷属随从。其背影则大海之上飞云摇曳、天盖、佛阁、宝塔、飞天、龙等皆驾云相随，最远处则远山突兀。其姿势样式，尤有唐风，然而就每个像而言，颇缺灵性，盖宋物而与大佛同时而造也。现存色彩，当属补修时所涂。第二区为文殊，殆清初改修，技工颇下。第三区及西壁亦似清初物。”

在大殿观音巨像东面，有观世音菩萨半跏像，日本学者关野贞描述：“戴宝冠，着胸饰，坐莲花座上，举右手结施无畏印，左右按膝，垂左足，衣裾覆座。塑像相好温丽婉转，姿势极具平衡之美，衣纹亦较自由，颇具写实之风。盖为宋时之杰作。”

隆兴寺的千年辉煌

春日到隆兴寺赏牡丹，已成为延续千年的盛事。

北宋政治家、词人韩琦留下了一首《谢真定李密学惠牡丹》：“穷边无处睹春荣，咫尺常山似洛城。会得主人将雅意，欲教邻境伏香名。全开正弄朝霞色，半谢犹含暮雨情。只上宾筵共一醉，也胜浑不见芳英。”

清代学者赵文濂留下了一首《咏正定——隆兴寺看牡丹》：“葱茏花木依云栽，胜日寻芳特地来。绿竹笋穿砖隙出，紫藤蔓引树头开。药栏荷榭光阴换，梵宇琳宫笑语陪。曲径通幽行不尽，探香更上牡丹台。”

隆兴寺大殿观音大像宝坛

隆兴寺大殿大像前观音像

1961 年，隆兴寺被国务院列为第一批全国重点文物保护单位。现为国家 AAAA 级旅游景区、中国十大名寺之一。

1977—1980 年，摩尼殿落架重修。

1982—1985 年，隆兴寺方丈院、天王殿、戒坛、弥陀殿等进行了修缮和彩绘。

如今，隆兴寺随处可见苍松翠柏，繁花争艳。

为纪念梁思成先生，隆兴寺内现有“梁思成纪念馆”。

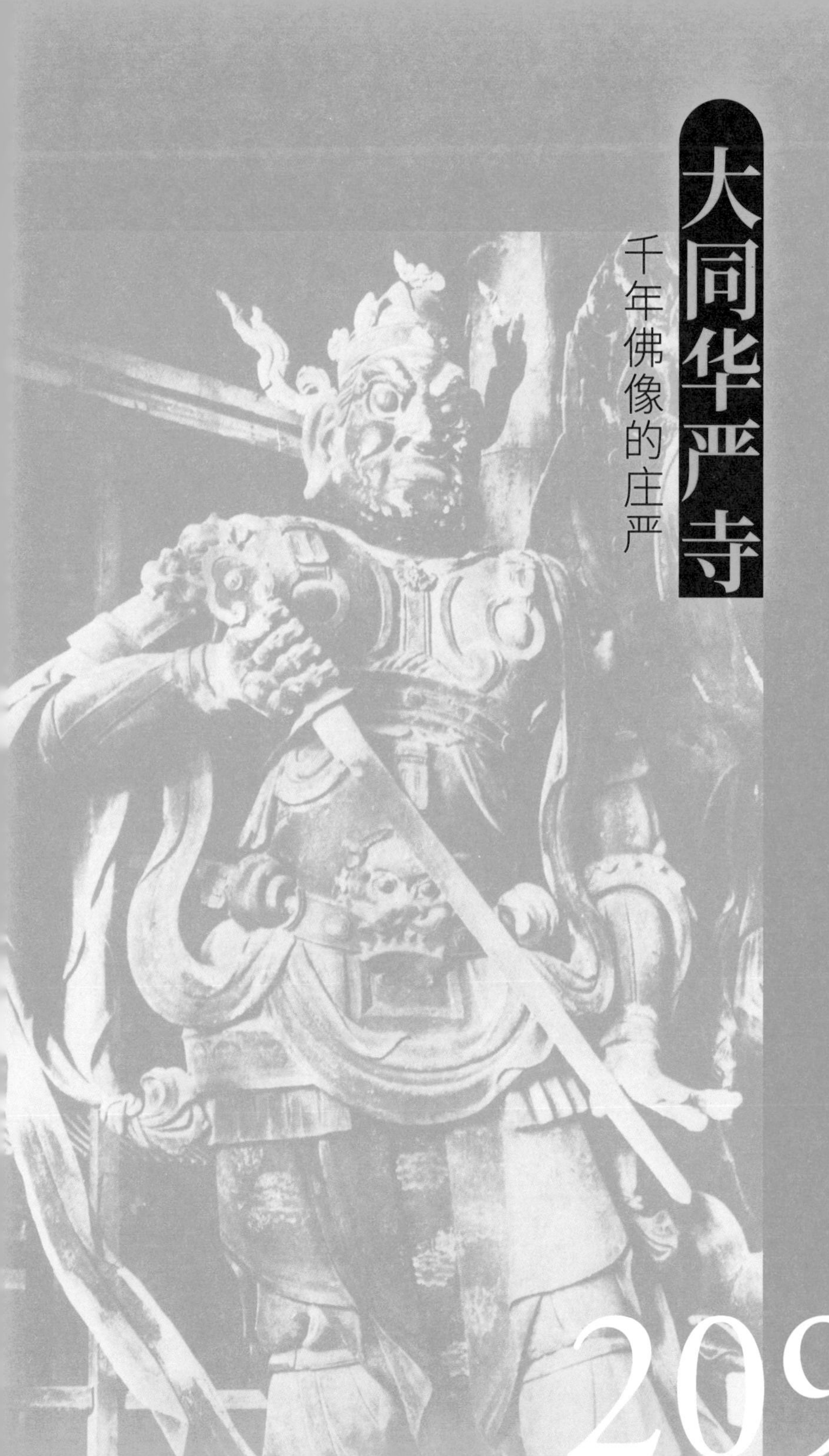

大同华严寺

千年佛像的庄严

“散步入招提，茸茸碧草齐。初春寒未减，旧迹踢成泥。河抱龙沙曲，山街雉堞低。梵声听未几，残阳下林西。”这首《游华严寺》，是清代诗人冯云骧所作，描绘了华严寺的初春景致。

大同是辽代（907—1125）和金代（1115—1234）五京中的西京，因此辽金时期的古迹遗存比较丰富，最有代表性的就是华严寺和善化寺（五代晋初改名为大普恩寺，俗称“南寺”）。

华严寺，位于山西省大同市下寺坡街，是现存年代较早、保存较完整的一座辽金寺庙建筑群。

华严寺之名，出自《华严经》，取“慈悲之华，必结庄严之果”之义。作为契丹皇室宗庙，始建于辽清宁八年（1062）。金天眷三年（1140）重修，其后历朝历代屡毁屡修。重修主要是在元至大年间（1308—1310），明宣德年间（1426—1435）、景泰年间（1450—1456）。明成化年间（1465—1487）分为上下两寺，各开山门。清初顺治五年（1648），又遭战火，仅有大雄宝殿和薄伽教藏殿幸存，后又陆续重修，但整体规模却比辽代小很多。

与同时期北宋建筑的秀丽风格不同，华严寺雄浑大气，大殿举高平缓，宽阔挺拔，间距开阔，舒展宏伟。上下二寺紧密相连，目前仍各以一主殿为中心。

华严寺原有三座最重要的建筑：下华严寺辽代的薄伽教藏殿、海会殿，以及上华严寺金代的大雄宝殿。

可惜的是，辽代所建海会殿于1950年被所借用的下寺坡小学拆毁，仅余台基。海会殿内金刚力士像被毁，今已无存。

上华严寺大雄宝殿

上寺在下寺的西北角，布局有序，以金代所建的大雄宝殿为主，分前后两院，中轴线上依次是山门、前殿、大雄宝殿，两侧是祖师堂、禅堂和云水楼。

上华严寺大雄宝殿于金天眷三年（1140）在原址重建，屹立至今，

上华严寺大雄宝殿细部

上华严寺大雄宝殿内部

上华严寺大雄宝殿

是中国现存最早的木制建筑的实例。辽代的统治者是契丹人，崇尚太阳神，信仰和居住习惯都是以东方为上。因此，殿身东向。

大殿矗立在 4 米多高的月台上，大殿面阔九间，进深五间，单体建筑面积达 1 559 平方米，是现存辽金时期木结构建筑中面积最大的一座大殿。台基前正面置有石阶，台上置清式四柱三门牌坊一座，左右分别是明代增建的六角钟亭和鼓亭。

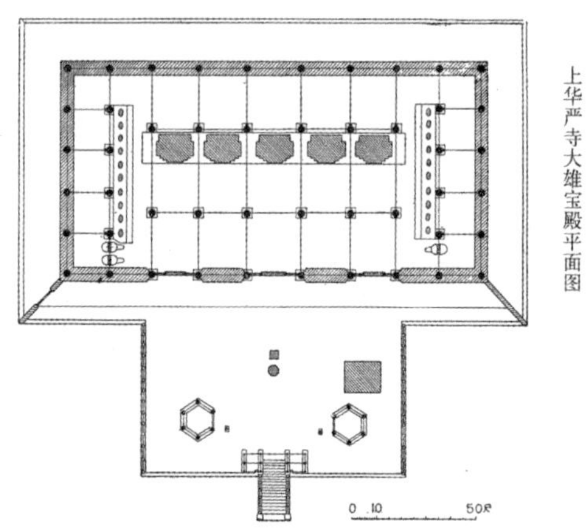

上华严寺大雄宝殿平面图

大殿是单檐庑殿式顶，檐顶举折平缓，檐高 9.5 米，出檐宽达 3.6 米。正脊两端的鸱吻高达 4.5 米，由八块琉璃件拼合组成，气势宏大，是中国古建筑上最大的琉璃吻兽。北端鸱吻是金代原物，南吻是明代制作。顶部覆有筒瓦，黄绿两色琉璃瓦剪边。大殿外檐斗拱为双抄重拱五铺作，形制古朴硕大，是典型的辽金风格。屋瓦长 80 厘米，重 27 千克，列居同类古建第一。

大梁跨度为 12 米，长度列居同类古建第一。殿内空间采用减柱法构造，共减少 12 根内柱，扩大了前部的空间面积，便于布列佛像和进行佛事活动。

殿顶有 973 块天花板彩画，多为清代制作，所绘龙凤、花卉、圆环、梵文等，构图繁复有序。地面铺方砖。

殿内中央佛坛上塑有五方佛，佛座为略长的仰莲式，佛像面相扁平，发髻上镶嵌桃状宝珠，佛像背光装饰细致稠密，分内、中、外三层，分别为莲花、如意云环、火焰纹饰，是明代所塑，有藏传佛教风格。中间毗卢遮那佛的背光，有金翅鸟图案。胁侍菩萨为辽金旧制，但有后世敷彩。两侧各有十诸天侍立，姿态各异，身躯前倾。

四壁有 21 幅巨型壁画，画面长 136.8 米，高 6.4 米，总面积达 876 平方米，为清光绪年间民间当地画工董安补绘。画面之间以山石、流水、云雾、树木、亭台楼阁等景物相隔相联，设色多石青、石绿，沥粉贴金，色彩艳丽，画工精细，至今保存完好。

下华严寺薄伽教藏殿

下华严寺坐落于上寺的东南侧，主体建筑为建于辽重熙七年（1038）的薄伽教藏殿，另有后世建造的天王殿、南北配殿、山门等，自成体系。

“薄伽”是梵文的音译，意为世尊，是释迦牟尼佛的十种尊号之一。“教藏”是指经典。因此，薄伽教藏殿就是华严寺的藏经殿。面阔五间（25.6 米），进深四间（18.4 米），单檐九脊歇山式。殿内供奉三世佛，以及胁侍弟子、菩萨、天王及供养人等彩塑，多为辽代作品。殿内后壁和左右两壁环列两层楼阁式壁藏，后壁中间悬天宫楼阁。薄伽教藏殿建筑、彩塑和壁藏等整

下华严寺薄伽教藏殿阿弥陀佛

下华严寺薄伽教藏殿细部

下华严寺薄伽教藏平面图

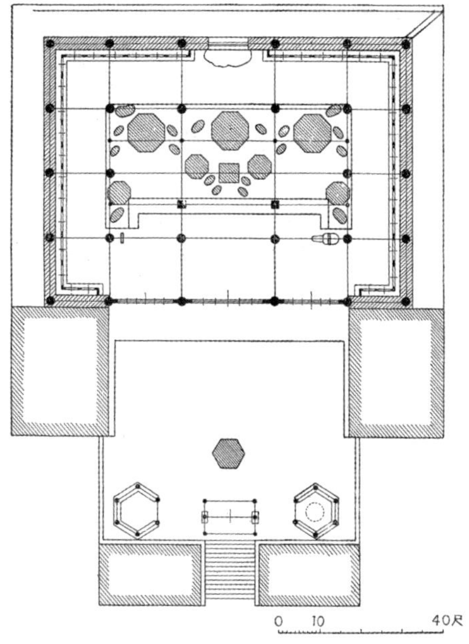

体的辽代遗物，至今保存完好。

薄伽教藏殿建筑手法是木骨与斗拱相结合，简洁疏朗，外观稳固，是辽代殿堂式建筑的典型。屋顶坡度平滑，出檐 1.2 米，檐柱从明间向两侧依次升起，逐次加高，翼角飞扬，檐口曲线优美，比例得当。正脊两端的两个金代琉璃鸱吻高 3 米，气势雄伟。

在空间设计上，采用减柱法，整个大殿显得十分开阔。殿内设正方形或长方形平棋。殿内藻井未设斗拱，形制简单。内槽彩画采用辽代通行的纹样。整体风格，与鲜艳辉煌的上寺大雄宝殿相比，显得深沉冷肃。

总体来看，薄伽教藏殿上承简朴、深厚、雄壮的唐代遗风，下启宋代营造先河，是中国辽代殿堂建筑的优秀遗构。

殿内有 31 尊精美塑像，多为辽代原作。佛坛中间为华美的八角二重台的莲花座，过去、现在、未来三世佛趺坐其上，造像高度约 5.2 米。三尊主像顶部的藻井为不等边八角锥体，视觉上增大了佛像上部空间。背光内侧饰网目纹，外侧饰火焰纹，是辽代典型的简洁明快风格，两侧的木雕

下华严寺薄伽教藏殿内四天王（东南）

飞天，形象逼真。

三尊大佛端两侧的菩萨、弟子和供养童子像大多呈站立状，排列井然有序，姿态各异，个性鲜明，栩栩如生。

文殊菩萨造像风格与汉族地区不同，并非如常见的安坐在狮子背上，而是端坐于莲台之上，下方一匹身披彩缎的骏马，体现了辽代契丹游牧民族的特点。

殿内有一尊露齿合掌菩萨，外貌是充满青春活力的妙龄少女，体态丰腴，妩媚动人，双手合十，面容祥和，神态中显示对佛法的领悟和清净喜悦。整体上，姿态优雅传神，动静结合恰到好处，是辽代雕塑中最杰出的艺术精品，享有“东方维纳斯”的美誉。

下华严寺海会殿内金刚力士（东）

主尊释迦佛后面，还有一组倒坐观音造像，由观音菩萨和善财童子、龙女组成。

值得一提的是，佛坛上有四尊供养童子彩塑，造型生动，神态活泼。南侧两尊供养童子彩塑，一童子神情求知若渴，举手示意向佛祖提问，另一童子则挥手示意他不要影响佛祖传法讲经。这两尊互为呼应的童子彩塑，设计上独具匠心，凸显了人神交通，不仅生动传神地再现了超脱深邃的佛教意境，也再现了佛教与世俗情怀在有限空间中的和谐统一。

辽代的佛教雕塑，题材广泛，造型多样，能够在佛教既有的仪轨里面注入个性化的艺术创作风格，充分体现了辽代社会审美情趣和雕塑水平，代表了这个时代的特征，是现今遗存辽代佛教塑像的重要艺术瑰宝。

作为藏经殿，最有特色的是殿内依墙排列着 38 间重楼式壁藏。

壁藏分上下两层：上层为佛龛，上覆歇山式屋顶，脊兽、鸱吻历历在目。勾栏的束腰华板上，雕有 37 种不同的镂空几何形图案；下层是经橱，放置下束腰型须弥座上。内藏佛经 1 700 多函，1.8 万余册，包括明代佛经和清代龙藏。

壁藏有 17 种形制复杂的斗拱，其后窗位置是一座圆弧木拱桥，桥上建有天宫楼阁 5 间，与左右壁藏浑然一体，设计严谨，雕刻精绝，是壁藏绝珍。这座天宫楼阁是辽代小木作的代表，与晋城宋代二仙观的天宫楼阁、应县净土寺大殿的金代天宫楼阁，相映生辉。

对于这罕见的辽代小木作，梁思成称之为“海内孤品”，赞誉为“千年国宝、无上国宝、罕有的国宝”。

著名学者郑振铎先生盛赞薄伽教藏殿：“简直是一个博物馆。这里的佛像，特别是倚立着的几尊菩萨像，是那样的美丽。那脸部、那眼睛、那耳朵、那双唇、那手指、那赤裸的双脚、那婀娜的细腰，几乎无一处不是美的制造品，最漂亮的范型。倚立着的姿态，娇媚无比啊，不是和洛夫博物馆的 Venus de Milo（米洛斯的维纳斯）有些相同吗？”

1964 年，郭沫若先生参观华严寺时也赞叹不已：“下华严寺薄伽教藏殿塑像，乃九百二十六年前的故物，比例合乎自然，表情特别生动，余以为较太原圣母殿塑像为佳，为不可多得之艺术作品，宜加以保护。”

华严寺的整修

1961 年，华严寺被国务院列为第一批全国重点文物保护单位；2014 年，成为国家 AAAA 级旅游景区。

1987—1990 年，大同文物部门曾对下华严寺薄伽教藏殿落架大修。山门外，近年新建的华严广场上，有仿建的重楼式壁藏和天宫楼阁，大气典雅，真实可感，科学与审美、宗教与实用达到了完美统一。

2008 年，大同市启动名城复兴工程，对华严寺进行了大规模整修，再次将上下寺合为一寺，恢复了辽金时期华严寺的格局。

杭州飞来峰造像

宋元的微笑

219

飞来峰位于杭州北高峰东南，隔冷泉溪与灵隐寺相望。

飞来峰，又称灵鹫峰，得名于东晋印度高僧慧理来到杭州见到此峰，感叹“此为天竺国灵鹫峰小岭，不知何代飞来”？

飞来峰风景优美，无石不奇，无树不古，无洞不幽。

飞来峰造像概貌

飞来峰海拔209米，石灰岩山体，因长期受地下水溶蚀，形成许多山洞。传说中有72洞，佛龛因势而刻，但由于年代久远，水滴石穿，大多溶蚀垮塌。目前只剩余十几个大洞。东麓有青林洞、玉乳洞、龙泓洞、射旭洞等代表性洞窟，洞内以及外壁雕满造像。这些造像分布在射旭洞沿冷泉溪边的岩壁，以及翠微亭附近。另有一些造像，分布在呼猿洞外的悬崖上、飞来峰顶原神尼塔附近。有些佛像旁刻有铭文。飞来峰造像是东南地区最大的佛教造像遗存，也是全国最大的汉藏风格并存的造像群。

中国的石窟造像，起源于北魏，鼎盛于隋唐时期，且以北方地区为主。南方多建寺庙，五代之后石窟造像逐渐稀少。飞来峰造像年代在五代至明代，数量上虽以北宋居多，也有不少元代作品。现存造像334余组，大多保存较为完好，在中国的佛教艺术史上占据十分重要的地位。

具体看，有五代题记或五代风格的造像11尊，其中10尊在青林洞内外及西侧悬崖上。有宋代题记或宋代风格的造像222尊，多为北宋作品，分布在青林洞、玉乳洞，以及位于青林洞内外的下生弥勒、观音和卢舍那佛会浮雕，位于龙泓洞口的唐僧取经和白马驮经等浮雕。

南宋风格造像，只有位于冷泉溪南岸的岩石上大布袋弥勒一龛，共19尊。

有元代题记或元代风格的造像96尊，分布在青林、玉乳、龙泓和呼猿诸洞的洞口以及冷泉溪的南岸悬崖上。

明代风格的造像，数量少，且分散。

飞来峰造像最大的有3个：青林洞、玉乳洞、龙泓洞。

代表性洞窟

青林洞又名青林岩、理公岩，是飞来峰东边第一大溶洞，呈水平发育状，长50米，宽30~35米，高2~3米，宛如一个厅堂。造像以浅浮雕为主，规模小，身形瘦削，刻画较浅。

青林洞内，第2、10、16龛是五代时期的造像。这三龛，题材都是西方三圣，从左至右分别为观世音菩萨、阿弥陀佛、大势至菩萨。

第10龛是飞来峰造像年代最早的，建于后周广顺元年（951），位于青林洞内西侧崖壁上，坐西朝东，龛形横长。残宽90厘米，高50厘米，顶部弧拱。造像结跏趺坐在仰莲须弥座上，有火焰纹项光和身光。施主滕绍宗是一般平民，反映了五代时期净土宗信仰已经深入民间。由于年代久远，造像残损较为严重。

第5龛卢舍那佛会浮雕，建于北宋乾兴元年（1022），高1.46米，宽1.5米，在南端入口东侧的崖壁上，壶门式花头龛，龛内浮雕卢舍那佛、文殊菩萨、普贤菩萨，天王4尊，以及供养菩萨、随身供养者、飞天，共17尊造像。卢舍那佛坐在莲座上，头戴宝冠，背负圣光，雕刻精细。整体风格有唐代余韵。

飞来峰青林洞外壁卢舍那佛会浮雕

与卢舍那佛会相对的东侧崖壁，是第7龛罗汉坐像，开凿较深，内有十八罗汉的小像，着通肩袈裟，现残存11尊。像高各约20~23厘米，附有北宋皇祐二年（1050）的刻铭。

青林洞外壁，有三尊龛，龛形横长，高85厘米，残宽138

飞来峰龙泓洞入口

厘米，顶弧拱。刻于元至元十九年（1282），三尊各趺坐于莲花之上，衣裾垂在莲瓣之上。形态整齐，工艺精丽，是元代雕刻的佳作。

玉乳洞位于青林洞东北，又名罗汉洞、蝙蝠洞，里面最有特色的是宋代造小罗汉像。东侧壁面上有 50 余躯罗汉像，刻于宋咸平年间（998—1003），形象生动，技巧简朴。

龙泓洞位于春淙亭旁边，北边有开口。其断崖之上镌刻有各佛、菩萨的立像、坐像等十几尊，有背光。面朝入口，右边的崖壁之下刻有宋代所刻的白马负经像：前面有一僧引路，当中是一匹马驮着经函，另一匹马驮着莲座，三人在后驱赶，其后又有二僧跟随。这就是表现白马运输经像故事的造像，手法精练，且写实。这些造像完全脱离了唐宋以来的传统形式，有学者认为是受藏传佛教影响，也有学者认为是飞来峰自创的手法。

飞来峰龙泓洞内壁半跏观音菩萨像

龙泓洞内壁上刻着半跏观音菩萨像，坐在方座之上，左脚垂地，踩着小莲花。头戴宝冠，右手执念珠，左手安放于膝盖之上。相貌温丽，姿势稳静。衣纹线条优雅，周匝极妙。观其样式，应属于宋初之物，在飞来峰雕刻中当数第一杰作。宋初作品，至今保存完好。

飞来峰龙泓洞前摩崖刻观音菩萨

飞来峰龙泓洞外壁白马驮经浮雕

飞来峰龙泓洞上部佛龛

飞来峰龙泓洞入口上部立佛龛

飞来峰龙泓洞入口上部坐佛龛

飞来峰射旭洞入口上部佛龛

飞来峰文殊像

龙泓洞外有小洞，称射旭洞，又称一线天。天井极窄，仅有一孔可见光线射入，射旭洞因此得名。内部以石头造成宫殿状，入口上方岩壁上的元代菩萨坐像，至今保存完好。

佛顶尊圣菩萨像位于沿着溪流的断崖上。佛龛上部呈穹状，顶部冠以相轮。穹状的周围刻有草花文，圈内嵌有梵字。其周围呈现出周行、全佛

飞来峰佛顶尊胜菩萨上半身像

飞来峰佛顶尊胜菩萨像

龛的轮廓。佛龛中央本尊趺坐于莲花座之上，三面各头顶宝冠，戴着耳珰，八臂都手持有东西，整体风格写实。本尊左右是两尊胁侍菩萨立像，姿态温雅。其左右、上下各刻有两尊天部像，偏向于藏传佛教风格。龛顶、相轮左右刻有飞天。

金刚手菩萨像，在理公塔旁边一块大岩石的佛龛上。金刚手菩萨身体半裸，坐于莲座之上，头顶宝冠化佛，天衣飘在空中。形状雄伟，是藏传佛教风格。

多闻天像，也在溪边的断崖上。身骑狮子，雄伟豪气，头戴宝冠，右手持伞。狮子前肢张开，气势非凡。左右有胁侍菩萨像。建于元至元二十九年（1292）。

飞来峰金刚手菩萨像

飞来峰弥勒像

沿着溪流的崖壁上，有一尊弥勒像，南宋之作。造像宏大，弥勒两颊丰腴，大腹便便，生动传神。左右列侍的数十罗汉，或坐或站，神情各异，细致生动。这是国内最早的大肚弥勒造像，目前保存良好。

飞来峰造像，是宋代全国造像最多最集中的；雕造题材以罗汉为主体，是全国石窟中雕造罗汉最多的地方。

飞来峰造像是我国江南少见的古代石窟艺术瑰宝。刀法洗练，线条流畅，在佛教美术史上，具有特殊意义。

飞来峰诗文

杭州，历来是文人墨客的聚集之地。历史上，有关飞来峰的诗文可以说是举不胜举。

苏轼的长诗《游灵隐寺得来诗复用前韵》里，有“溪山处处皆可庐，最爱灵隐飞来孤”的诗句。

北宋诗人郭祥正写下一首小诗《和杨公济钱塘西湖百题·龙泓洞》，全诗仅 20 字：“洞口无凡木，阴森夏亦寒。谁知一泓水，曾有老龙蟠。”

明代文学家袁宏道写下《飞来峰小记》:“湖上诸峰，当以飞来为第一。峰石逾数十丈，而苍翠玉立。渴虎奔猊，不足为其怒也；神呼鬼立，不足为其怪也；秋水暮烟，不足为其色也；颠书吴画，不足为其变幻诘曲也。石上多异木，不假土壤，根生石外。前后大小洞四五，窈窕通明，溜乳作花，若刻若镂。壁间佛像，皆杨秃所为，如美人面上瘢痕，奇丑可厌。余前后登飞来者五:初次与黄道元、方子公同登，单衫短后，直穷莲花峰顶。每遇一石，无不发狂大叫。次与王闻溪同登；次为陶石篑、周海宁；次为王静虚、陶石篑兄弟；次为鲁休宁。每游一次，辄思作一诗，卒不可得。”此外，他还作了两首《戏题飞来峰》，其一为:“试问飞来峰，未飞在何处。人世多少尘，何事飞不去。高古而鲜妍，杨班不能赋。”其二为：“白玉簇其颠，青莲借其色。唯有虚空心，一片描不得。平生梅道人，丹青如不识。”

明末清初的文学家张岱，写了《飞来峰》一诗：“石原无此理，变幻自成形。天巧疑经凿，神功不受型。搜空或洚水，开辟必雷霆。应悔轻飞至，无端遭巨灵。石意犹思动，躨跜势若撑。鬼工穿曲折，儿戏斫珑玲。深入营三窟，蛮开倩五丁。飞来或飞去，防尔为身轻。”

除此之外，张岱还写了一篇短文《西湖梦寻·飞来峰》，记述了他的所作所为：“飞来峰，棱层剔透，嵌空玲珑，是米颠袖中一块奇石。使有石癖者见之，必具袍笏下拜，不敢以称谓简亵，只以石丈呼之也。深恨杨髡，遍体俱凿佛像，罗汉世尊，栉比皆是，如西子以花艳之肤，莹白之体，刺作台池鸟兽，乃以黔墨涂之也。奇格天成，妄遭锥凿，思之骨痛。翻恨其不匿影西方，轻出灵鹫，受人戮辱；亦犹士君子生不逢时，不束身隐遁，以才华杰出，反受摧残，郭璞、祢衡并受此惨矣。慧理一叹，谓其何事飞来，盖痛之也，亦惜之也。且杨髡沿溪所刻罗汉，皆貌己像，骑狮骑象，侍女皆裸体献花，不一而足。田公汝成锥碎其一；余少年读书岣嵝，亦碎其一。”不过，后世的考古学家证明，他误砸了石像。

清代女诗人夏伊兰的《飞来峰》一诗，情景交融：“奇峰生羽翼，摩空势轩翥。相传古灵鹫，佛国名长署。何年石飞来，梵刹永蹲踞。浩浩荡云烟，重重拥岩树。古剑劈山开，千古石隙露。虹梁跨半空，群峰尽奔赴。山风忽怒号，潮音喧日暮。未识缁衣徒，可领烟霞趣。我本散花女，佛前常拥护。瑶台一小谪，西泠十载住。峰下久徘徊，栗栗增危惧。但恐石狡狯，负我竺国去。入险更出险，罗衣幂云雾。一笑谢山灵，胜游殊匆遽。”

北宋王安石的《登飞来峰》更是千古绝唱：“飞来山上千寻塔，闻说鸡鸣见日升。不畏浮云遮望眼，自缘身在最高层”，充分体现了宋诗蕴含哲理的特征。

飞来峰的文物地位

1982 年，国务院将飞来峰造像列为第二批全国重点文物保护单位。

2006 年，国务院将西湖南山造像（包括慈云岭造像、烟霞洞造像、天龙寺造像）列为第六批全国重点文物保护单位。

北京雍和宫

清代朝廷首寺

231

雍和宫牌楼

“兴庆当年选佛场，初春几暇礼空王。六街三市皆珠玉，利物宜人大吉祥。东壁图书原静好，昔时岁月黯神伤。六旬兄弟相随逐，话到髫年电火光。”这首《诣雍和宫礼佛作》，作者是爱新觉罗·弘历，也就是乾隆皇帝。

雍和宫位于北京市东城区雍和宫大街 12 号，北邻地坛，西邻孔庙，主要建筑有牌楼院、昭泰门、钟楼、鼓楼、天王殿、雍和宫殿、永祐殿、法轮殿、昭佛楼和万福阁等，是北京地区规模最大、保存最完好的藏传佛教黄教寺院。

雍和宫始建于清康熙三十三年（1694），为四子雍亲王府第，称雍亲王府。雍正三年（1725），改王府上院为行宫，称雍和宫。乾隆九年（1744），雍和宫改作正式的藏传佛教寺庙，并成为清政府掌管全国藏传佛教事务的中心。

雍和宫是清朝的“龙潜福地”，殿宇为黄瓦红墙，与紫禁城皇宫同一规格。坐北朝南，建筑布局完整，有三座精致的牌坊和五进大殿，共占地面积为 6.64 万平方米，殿宇千余间。

寺院分成前后两部分，体现了雍和宫的主要特征是汉藏文化融汇。

前端是中国佛教寺院“七堂伽蓝”式标准布局。布局和造像，均与汉族禅宗寺院相似，但又表现了藏传佛教的文化特点。

南门进入，有三座牌楼，建于乾隆九年（1744）。西侧牌楼，前写“福衍金沙”，后写“十地圆通”；东侧牌楼，前写“慈隆宝叶”，后写“四衢净辟”；北侧牌楼，前写“寰海尊亲”，后写“群生仁寿”。

过牌楼，经全长200米的辇道，到达昭泰门。昭泰门，中间一间正门，两侧各有一旁门，黄琉璃筒瓦歇山顶。

昭泰门内铺设辇道，东西各为钟楼、鼓楼，北有两座碑亭相对而立。

雍和门殿

辇道尽头，便是雍和门殿，相当于汉传佛教的天王殿。建于清康熙三十三年（1694）。原为雍亲王府正门，乾隆九年（1744）改庙后，为天王殿，称“雍和门殿”。面阔五间，黄琉璃筒瓦单层歇山顶，重昂五踩斗拱，上悬乾隆皇帝手书“雍和门”大匾，殿内为井口天花，地铺方砖。

雍和门殿四天王像

正中金漆雕龙宝座上，坐着袒胸露腹、笑容可掬的弥勒菩萨，大肚弥勒佛造型；

大殿两侧，东西相对而立的是泥金彩塑四天王。天王造像虽然采用了禅宗寺院形制，但方位排列不同，如东方持国天王像不在东方，而在西方位置上，反映

雍和门殿后韦驮护法像

了藏族寺庙以西为大、以右为上的规制。四天王所持的法器，琵琶、宝剑、赤龙（或青蛇）、宝伞，虽无变化，却象征地、水、火、风，在藏传佛教看来造成万物的四种元素。而每尊天王脚下踏有两名鬼怪，不是汉族地区寺院中代表每个天王所率的两部鬼众，而是代表修身过程中需要克服的贪、嗔、痴、爱、杀、盗、淫、妄八种俗念。

殿后供奉韦驮护法像，脚踩浮云，戴盔披甲，手持金刚杵，威风凛凛。

四体碑亭

雍和门殿以北，有四体碑亭。亭为黄琉璃筒瓦重檐四角攒尖顶。御碑为四方碑，乾隆五十七年（1792）立，高 6.2 米，每面宽 1.45 米。每个碑面分别刻有满、蒙、藏、汉不同文字的碑文《喇嘛说》，汉字 678 字，是乾隆 82 岁高龄时所书。碑文后钤少见的“八徵耄念之宝”印和“自强不息”印。《喇嘛说》是确立“活佛转世，金瓶掣签”历史定制的重要文献，体现了乾隆对藏传佛教的见解和管理政策。这座石碑也表明雍和宫是“首位皇家御用寺院”和全国“管理藏传佛教事务中心”。

雍和宫殿

四体碑亭以北，是雍和宫殿，相当于禅寺的大雄宝殿，原为王府银安殿。满语和藏语称雍和宫为“兜率壮丽洲”。

黄琉璃筒瓦歇山顶，面阔七间，单翘重昂斗拱，和玺彩画。前有月台，设黄绿碧三色砖花墙扶栏。前五间雕花扉，两端间雕花窗，内部为方格天井。

殿内供奉竖三世佛，中间供奉的是“现在世”释迦牟尼佛，西边是“过去世”燃灯佛，东边是“未来世”弥勒佛。这三时佛的排序与汉族地区佛寺也不尽相同。

未来佛，梵语叫弥勒佛，藏语叫强巴佛，蒙古语叫迈达拉佛。

释迦牟尼佛的两侧，西为阿难，东为迦叶。

佛像前陈列着景泰蓝的“五供”和“七珍八宝”。五供又称五具足，中间是香炉，两侧有烛台和花瓶各一对；七珍又称“七宝”，金轮宝、主藏宝、大臣宝、玉女宝、白象宝、胜马宝和将军宝。八宝又称“八吉祥”，法轮、宝伞、盘长、法螺、莲花、宝瓶、金鱼和宝盖。

两侧山墙下是十八罗汉塑像，比较特别的是有几尊肤色不同、饰物不一的罗汉像，有的面色黝黑，耳系金环；有的肤色赤红，须发卷曲，表现了古印度人和西藏人的相貌特征。

雍和宫大殿十八罗汉之一

四大扎仓

天王殿与雍和宫殿之间的院落里，有四座配楼。

天王殿左右有回廊，连接雍和宫东侧的药师殿和密宗殿，西侧的时轮殿和讲经殿。均为灰筒瓦重檐硬山顶重楼，面阔七间，后厦三间，上下层均出廊。这四殿构成“四大扎仓”（意为“僧院”，即藏传佛教僧侣修习经典的学校）。因此，雍和宫是藏传佛教的完整学府，曾经为内蒙古地区培养了大批佛学人才。

永佑殿

从永佑殿开始，后部各殿逐级升高，尽显庄严吉祥。

永佑殿建于清康熙三十三年（1694）。原为雍亲王寝殿。乾隆九年（1744）改庙后，称为“永佑殿”。

永佑殿单檐歇山顶，覆黄琉璃筒瓦，重昂五踩斗拱，有脊兽，面阔五间，“明五暗十”构造，前有三出陛台阶二层。东西两侧有配殿。

雍和宫永祐殿阿弥陀佛像

殿内正中供有三尊高 2.35 米的白檀木雕无量寿佛像，头戴无佛冠的菩萨装，完全采用了藏传佛教的表现形式。西侧供药师佛，东侧供藏传佛教特有的狮吼佛。西墙供绿度母补绣像，据传是乾隆的母亲用了几千匹不同大小和颜色的绸缎，用堆绣和补绣的工艺制成，历经 200 余年没有褪色；东墙供白度母画像唐卡。

法轮殿

永祐殿北，为法轮殿（大经堂），建于清乾隆九年（1744），为寺院僧众举行重大佛事的场所，是雍和宫最大殿堂之一。法轮殿“十”字形平

雍和宫法轮殿

雍和宫法轮殿内部

面，非同寻常，形态丰富。黄琉璃筒瓦，歇山顶，面阔七间，前出轩后抱厦各五间黄筒瓦歇山卷棚顶轩厦，均为中央起藏式天窗，上有藏族风格的镏金宝塔。殿顶及天窗顶的“一大四小”五座黄筒瓦悬山顶藏式天窗，其

雍和宫法轮殿五具足

雍和宫转轮

形制寓意佛教“须弥山”被四大部洲簇拥环绕。

法轮殿是汉藏文化交融的结晶。殿内方格天井。殿内正中供奉一尊高 6.1 米的黄教创始人宗喀巴大师的铜坐像，头戴黄色尖顶僧帽，身披黄色僧袍，手捻两枝缠绕的莲花。像背后有紫檀木雕成的五百罗汉山，高近 5 米，长 3.5 米，厚 30 厘米。五百罗汉以金、银、铜、铁、锡五种金属制成，形态逼真。东西壁还有壁画《释迦源流图》。

东西壁画前有经架，大量藏经珍藏于中。西侧经架上储有大藏经 108 部，东侧经架上存有续藏经 207 部。

法轮殿前，东配殿内供奉有“五大金刚”，西配殿为菩萨殿，殿内供

雍和宫昭佛楼释迦三尊像

奉有 11 尊白檀木佛像。

法轮殿东西两侧，分别为班禅楼与戒台楼。班禅楼北接昭佛楼，戒台楼北接雅曼达嘎楼。

万福阁

法轮殿以北，是雍和宫最高建筑万福阁，全部为木结构。建于清乾隆十三年（1748）到十五年（1750）。黄琉璃筒瓦，歇山顶，重檐重楼，高 25 米，上、中、下三层，面阔、进深均为五间。万福阁三层，上层歇山顶。

雍和宫万福阁

雍和宫万福阁迈达拉佛白檀木像

其左右亦有二层阁，歇山顶，东为永康阁，西为延绥阁。

建庙初期，阁内供奉近一万尊泥塑佛像，“万佛”与“万福”发音近似，乾隆赐名“万福阁”。

万福阁内耸立着的巨大迈达拉佛白檀木像，寓意“当来下生佛”。佛像主体材质为一根长达 26 米的白檀木，其中地上 18 米雕为佛像，地下 8 米为基础。佛身宽 8 米，重约 100 吨，是中国最大的独木雕像。雕刻手法精到，颇具英豪气象。不同于一般寺庙青发、肉髻、身披袈裟、结跏趺坐于莲花宝座上的弥勒身相，这里采用菩萨装的站姿。

万福阁东西两侧各有飞虹天桥，西通延绥阁，东通永康阁，悬空阁道式飞廊把三阁联为一体，具有辽金时代的建筑风格，宛如仙宫楼阙，十分壮观。

延绥阁内有巨型木质莲花，转动时开时合，开合时出现一尊佛像，称“开莲现佛”；永康阁是一座木刻彩画八角塔形的楼阁，内供八尊长寿佛坐像。永康阁内有一个“转轮藏”，上刻经文。

绥成殿

万福阁后方有绥成殿，殿前有月台与万福阁相连。面阔 7 间，黄琉璃筒瓦硬山顶，重檐重楼，上下均出廊。绥成殿是雍和宫最后一进殿堂，殿内正中须弥座上供奉有大白伞盖佛母像，两侧供有藏传佛教早期的大师和格鲁派几位著名活佛的塑像。

雍和宫的文物保护

1961 年，雍和宫被国务院列为第一批全国重点文物保护单位；

1983 年，被国务院确定为汉族地区佛教全国重点寺院；

1995 年，雍和宫藏传佛教艺术博物馆挂牌成立。

雍和宫融汇藏汉民族文化艺术，随处体现加强民族团结、维护国家统一的意旨，巍然屹立 300 多年，寺院与佛像至今保存良好。

真相无敌

243

佛像，狭义上说就是指释迦牟尼的造像，广义上说包括佛、菩萨、罗汉，以及各个宗派的祖师与护法天神。

唐代释玄应《一切经音义》（简称《玄应音义》）载："舍利有全身、碎身之别。"全身舍利，是指高僧经过一生的戒定慧之所熏修，示寂后身体经久不腐，常保原形，即肉身菩萨，就是佛教所说的全身舍利。

光孝寺菩提树及六祖发塔

光孝寺六祖发塔（摄于 1899 年）

光孝寺六祖发塔（摄于 1928 年）

禅宗门派

佛陀拈花微笑，迦叶会意，是禅宗的开始。

菩提达摩是印度禅宗二十八祖，于南朝梁普通四年（523）从南天竺的黄支（今印度金奈）启航，借季风沿着海岸线，于普通七年（526）到达广州齐康郡的徐闻港。后辗转多地，最终住嵩山少林寺，成为大乘佛教中国禅宗初祖。因此，中国的禅宗又称“达摩宗”，达摩被尊称为“东土第一代祖师”“达摩祖师”，少林寺也被视为中国禅宗的祖庭。

禅宗倡导“直指人心，见性成佛，不立文字，教外别传”，只要明心见性，就可以成佛。经二祖慧可、三祖僧璨、四祖道信、五祖弘忍、六祖慧能等大力弘扬，终于一花五叶，成为中国佛教最大宗门。

六祖慧能，因菩提偈“菩提本无树，明镜亦非台，本来无一物，何处惹尘埃”之境界远超神秀“身是菩提树，心如明镜台，时时勤拂拭，勿使惹尘埃”，而获得六祖地位。

安史之乱后，禅宗分为南北二派。北宗以神秀为领袖，强调“拂尘看净”，要求“慧念以息想，极心以摄心”，通过打坐“息想”，拘束其心，拂除烦

光孝寺六祖殿

《光孝寺六祖像碑》

光孝寺《重修六祖菩提碑记》拓本

光孝寺《六祖大鉴禅师殿记》拓本

《光孝寺六祖像碑》拓本

六榕寺六祖铜像

恼，清净自心，被称为“渐悟”；南宗以慧能为领袖，主张心性本净，不重戒律，不拘坐作，不立文字，强调“以心传心，直指人心，见性成佛”“即心是佛”，自称“顿门”。

南派经门下历代弟子的努力，逐渐成为主流，弘传最盛的是南岳、青原两家。南岳后形成沩仰（沩山灵祐及其弟子仰山慧寂创立）、临济（临济创立）两宗；青原后形成曹洞（洞山良价及其弟子曹山本寂创立）、云

曹溪南华寺第一门匾额

门（文偃创立）、法眼（文益创立）三宗，世称“五家”。其中临济宗又形成黄龙（慧南创立）、杨岐（方会创立）两派。自此，南派禅宗合称“五家七宗”。

禅宗思想深得中国古代文人学士喜爱，对中国文化产生了深远影响。不仅如此，禅宗思想还远播到朝鲜半岛和日本。

六祖慧能

六祖慧能（638—713），亦作“惠能”。少年时期父亡家贫，以卖柴奉养母亲。路上听到有人诵念《金刚经》而产生学习佛法之心，投禅宗五

曹溪南华寺五祖殿及八角五层六祖塔

曹溪南华寺六祖殿

祖弘忍门下作“行者”。唐乾封二年（667），到广州法性寺（今光孝寺）参听印宗法师正讲《涅槃经》，“因论风幡语，而与宗法师说无上道”，得

曹溪南华寺六祖真身像

到印宗喜爱，后亲为慧能落发。不久，智光律师为慧能授具足戒。

受戒后，慧能在广州法性寺菩提树下开演东山法门。之后，慧能去曹溪宝林寺（今南华禅寺），成为曹溪道场主导者，听众超过千人。受到韶州刺史韦璩乃至武则天的重视。

禅宗六祖慧能口述内容，由其弟子法海集录成为《六祖坛经》。这是禅宗的代表性经典，亦称《六祖大师法宝坛经》，简称《坛经》。

唐先天二年（713）八月初三，慧能在新州（今广东新兴县）国恩寺圆寂，世寿76岁。

根据相关史料，慧能圆寂前，与众弟子从容告别，身披袈裟，双腿盘屈，打坐入定，坐化圆寂。按照其生前嘱托，弟子方辨等人将遗体安放于一口大缸的木座上，木座上有漏孔，座下有生石灰和木炭，再倒满生石灰和木炭，使其完全包裹遗体，最后用一口同样大的大缸对口盖密。经过这样的防腐和催干措施，遗体所含的有机物逐渐腐烂流滴到生石灰上被吸干，变成坐式肉身干体。这种密封式双缸对扣的塔形僧棺，称为“塔龛”。

经过将近一年之后，开缸塑造。方法是先用含有防腐材料的香泥填充身体凹陷部位，再夹纻生漆造像，即一层苎麻布、一层朱漆，反复几层，形成漆壳。最后，真身移往曹溪南华寺，奉于灵照塔内。

与僧人圆寂后火化相比，此种安葬方式称为“函化”。火化得到舍利子，函化得到真身舍利。而这种工艺称“夹苎法”，是中国独特的造像方法。

六祖真身像经历的千年沧桑

六祖真身像，现在供奉在曹溪南华寺六祖殿内。坐像外表红褐色，通高80厘米，结跏趺坐，双手作入定状。双目闭合，面形清瘦。北宋绍圣元年（1094），苏轼贬官广东惠州。途中拜谒曹溪南华寺，见到六祖真身像，感动万分，写下《南华寺》一诗：“云何见祖师，要识本来面。亭亭塔中人，问我何所见？可怜明上座，万法了一电。饮水既自知，指月无复眩。我本修行人，三世积精炼。中间一念失，受此百年谴。抠衣礼真相，感动泪雨霰。借师锡端泉，洗我绮语砚。”

曹溪南华寺憨山大师真身像

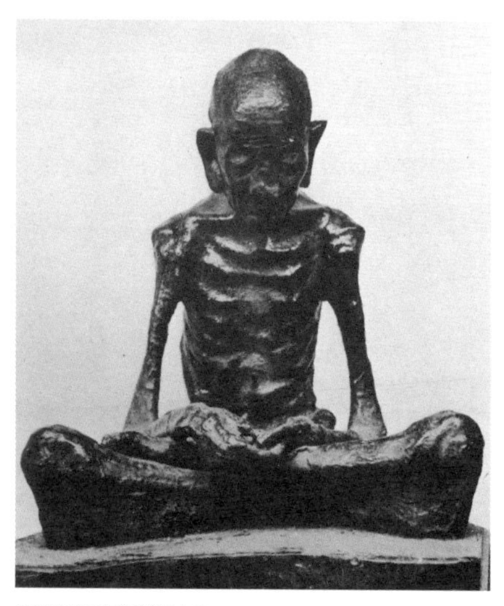
曹溪南华寺丹田禅师肉身

千年以来，六祖真身像曾遭受过多次人为破坏，计有一次断首、两次断指、三次剖腹，以及蚁侵、火灾、兵劫、战乱。抗日战争期间为躲避日军飞机轰炸，还曾移到相对安全的云门寺。六祖真身像经多次修补和油饰之后，漆层加厚，面貌略有失真，但其超脱的高僧气质还是展现在人们面前。

南华寺六祖殿为 1981 年重建。除六祖真身像之外，还供奉憨山禅师真身像和丹田禅师真身像。可惜的是，广东乳源云门寺原有文偃禅师真身像，因 20 世纪 60 年代寺院遭到破坏，文偃禅师真身像不知所终。

六祖真身像是所有真身像中最出名的，这不仅因为六祖在人们心目中的地位，也不仅因为后面的曲折故事，还因为所在的是高温高湿的岭南地区。

佛本无相，相由心生。六祖慧能，留下真身，以身弘法，以身说教，生动形象地阐释了其“见性成佛”“人人成佛”的思想。

六祖慧能，诠释了高僧二字的含义。

曹溪南华寺憨山大师真身像龛

广东乳源云门寺祖师殿内云门大师真身龛

1983 年，南华寺被国务院列为第一批汉族地区佛教全国重点寺院；2001 年，南华寺作为明、清时期古建筑，被国务院列为第五批全国重点文物保护单位。南华寺拥有包括六祖真身像在内的 427 件国家一级文物。

历史上的其他真身像

历史上，比六祖慧能高僧真身像还早两年的是释地藏（630—729）真身像。他出生于新罗国王族，俗姓金，是九华山道场的开创者。唐开元十六年（728），99 岁圆寂，其尸坐于函中。三年后廾函入塔，面貌如生，被时人认为是地藏菩萨化身，尊称为“金地藏”。至今，金地藏肉身像被供奉于九华山的肉身殿中。

更早的是五祖弘忍（602—675）真身像，可惜在 1927 年被毁。1932 年修建了五祖大宝塔，五祖舍利安葬其下。如今在湖北省黄梅县五祖寺真身殿中，供奉五祖雕像。五祖寺也是六祖慧能大师得法受衣钵的圣地，曾被宋英宗御赐为“天下祖庭”。

近年，考古工作者发现了零星的高僧和道长真身像，年代从唐代到清

曹溪南华寺六祖传法袈裟纹样

代，并且还发现有另一种真身像制作工艺：开缸后请彩塑艺匠以其肉身为胎，包塑成像。比较有代表性的是山西介休绵山云峰寺、正果寺所发现的 16 尊以泥包塑的包骨真身像，与之前的妆漆或妆金真身像不同。为此，作家冯骥才于 2010 年出版了专著《绵山包骨真身像》。

这些真身像神态各异，栩栩如生，意韵生动，令人敬畏。